Martina Trevisan

BIBLIOFILIA CHE PASSIONE
Viaggio curioso tra rarità di Céline o Bukowski,
esordi italiani, anni Sessanta e quotazioni
bibliografiche

ISBN: 978-1-326-94682-1
foto in copertina di Martina Trevisan

Prefazione

Tutto accadde molti anni fa – dieci, per l'esattezza – quando nella soffitta di casa trovai alcuni vecchi libri abbandonati da tempo. Tra alcune edizioni economiche di Dante e romanzetti rosa, scoprii una *Guida delle Prealpi Bergamasche* di fine Ottocento.

Ovviamente non mi accorsi subito del suo valore; misi tutto in vendita su Ebay (allora avevo l'abitudine di vendere vecchi abiti che non usavo più) e me ne dimenticai ampiamente.

Finché una serie di offerte alla guidina nel giro di pochi giorni attirò la mia attenzione, e mi chiesi il perché.

Perché la Commedia di Dante rilegata in sontuosa pelle marrone era rimasta invenduta a 3 miseri euro e la guida, all'apparenza senza valore - peraltro conciata piuttosto male - era salita a 60?

Così iniziai a farmi domande, a leggere avidamente libri sul collezionismo librario, a frequentare le librerie antiquarie e a collezionare. Insomma, a diventare se non esperta almeno molto preparata sull'argomento.

E da qui, nel 2012 nacque il blog sulla bibliofilia, che chiamai *Art & Bibliophilia* (inizialmente i libri trattati erano di argomento esclusivamente artistico), da subito molto amato dai miei lettori e ancora oggi sempre più frequentato.

Iniziai con descrizioni di libri da me acquistati a scopo collezionistico indicando sempre il prezzo pagato, cosa fin da subito molto apprezzata dai miei lettori che spesso si trovano in casa dei libri, ma non ne conoscono il valore.

Ho poi proseguito in varie direzioni, a partire da brevi bibliografie analitiche di opere pubblicate in Italia da scrittori stranieri molto ricercati e ben valutati (un nome per tutti, Louis-Ferdinand Céline), fino ad avvincenti resoconti delle aste Ebay in corso quella data settimana, eventuali investimenti – anche di libri pubblicati all'estero – da fare a scopo speculativo e, infine, cenni sul panorama del libro d'artista, una categoria bibliografica molto particolare che nasce negli anni Sessanta.

Volutamente sono stata "eclettica" e ho variato negli argomenti per accontentare un po' tutti, poiché molti e variegati sono i rami del collezionismo librario. E variegate sono state anche le persone che in questi anni mi hanno contattata: da scrittori ad antiquari, fino a semplici curiosi che hanno confessato - frase ricorrente quando mi scrivono - di aver scoperto il blog per caso e di non riuscire a staccarsi.

Con questo libro voglio dare ai miei lettori un "qualcosa di cartaceo" e di più ordinato, con una scelta di post suddivisi per argomento, in modo da facilitare la lettura, e lievemente corretti nella forma.

Chi è stato mio lettore in questi anni, potrà rileggere i vecchi post che aveva scordato e magari annotare a margine qualche curiosità personale. Mentre chi scopre il mio blog attraverso questo libro, avrà magari modo di apprezzarlo in un formato più leggibile e accessibile.

Infine, non poteva certo mancare qualche inedito, che vi divertirete a scoprire man mano che sfoglierete le pagine!

Buona lettura e buona caccia!

Indice

Avvertenza al lettore

Trattandosi di una raccolta di post scritti nell'arco di molti anni (dal 2012 appunto), molte valutazioni dei libri potrebbero essere cambiate nel tempo (anche a seconda delle copie apparse nel frattempo sul mercato). Anche le disponibilità dei libri presso i siti online che ho indicato potrebbero non corrispondere all'attuale stato delle cose, pertanto prendeteli come un "report" storico delle quotazioni di un certo libro e magari divertitevi a confrontarle con quelle attuali.

Ogni argomento reca una nota dove è indicata la data di uscita del post.

Riflessioni sul collezionismo nel nostro secolo

Voglio iniziare con una raccolta di post legati a questo argomento, perché fin dal principio mi hanno affascinato le modalità e le motivazioni legate al collezionismo librario, da sempre caratterizzato da dinamiche tutte sue e spesso mutevoli nel tempo.

Per quanto riguarda l'Italia, a parte i libri di Giampiero Mughini e Simone Berni che ho citato spesso nel blog, di scritto c'è molto poco a riguardo. Manca soprattutto una visione d'insieme e una ricognizione sul tema, cosa che ritroviamo invece in ambiente americano, dove librai ed esperti negli anni hanno tentato di fare ordine e ricollegare gli eventi.

Primi spunti[1]

Un giorno un libraio di Roma, mentre mi accingevo a pagare la prima edizione italiana di *Zuckerman scatenato*, mi disse che "costava di più perché era rara".

Ora, dentro di me sapevo benissimo che non era così e in effetti la stavo acquistando nonostante mi fosse parsa un po' cara. Ma il fatto che questa persona mi stesse dando un'informazione non vera mi ha fatto riflettere sulle possibili motivazioni: lo diceva per invitarmi a comprarla? In questo caso non avrebbe avuto senso perché ormai mi trovavo già alla cassa...

La soluzione più plausibile è che ne fosse davvero convinto,

---

1 Post del 4/3/2013

nonostante operasse nel campo da decenni.

La realtà è che anche il mercato librario, come tutti i mercati specializzati, sta cambiando e cambia continuamente. Alcuni libri si fanno rari, altri ricompaiono in massa provocando una conseguente svalutazione, altri diventano oggetto di vere e proprie manie - vedi ad esempio *Gli extraterrestri torneranno* di Erich von Däniken, che vende benissimo in qualsiasi edizione e nonostante non sia raro -.

Spesso, poi, i librai si rifanno a siti di valutazione come *Abebooks* o *Maremagnum*, ignari del fatto che ormai le vere quotazioni di un testo vengono spesso stabilite dalle aste Ebay e che esistono altri siti in cui è possibile trovare libri usati, come *Comprovendolibri.it*.

Per contro, nell'era di Internet ormai ogni libraio conosce molto bene la valutazione media di un certo testo, pertanto le possibilità di *trouvailles* si sono ridotte notevolmente.

Ma ci sono anche aspetti positivi in questo mutamento e ve lo dimostro proponendovi un'ulteriore riflessione sul tema fornitami da Ken Lopez, un libraio americano specializzato in prime edizioni moderne.

Nel 1999, quando Internet non aveva ancora invaso le nostre case e le nostre vite, aveva risposto a delle domande sul collezionismo librario nel nostro secolo, fornendo alcuni spunti interessanti che troverete a questo link[2]. Ora, dopo più di 16 anni, ha rivisto alcune considerazioni in un bell'articolo apparso sul sito *rarebookhub.com* che ho scovato su Internet.

Le dichiarazioni, come spesso accade quando si parla con un libraio, sono evasive e volutamente non rivelatrici di "segreti" che solo gli esperti sanno e che si guardano bene dal rivelare.

Tuttavia, ci sono almeno due parti interessanti; la prima è che ormai è quasi scomparso il cosiddetto *completist* - molto amato dagli americani - che sarebbe quel tipo di collezionista che

---

2 http://lopezbooks.com/articles/trends/

sceglie un autore in particolare e raccoglie tutto ciò che lo riguarda, compresi articoli di giornale ecc.

Sono rimasti gli amanti di Stephen King in questo senso, ma si tratta di un caso isolato.

La seconda, che il collezionismo si sta sempre più rivolgendo a nuovi oggetti di interesse che non sono esclusivamente libri, ma anche *ephemera*, fotografie, libri d'artista, ma anche archivi.

Lopez ci fa l'esempio di Ian McEwan, il cui archivio è stato comprato di recente dal Ransom Center dell'università del Texas per 2 milioni di dollari. E in effetti lui è uno degli autori che possiamo già considerare "da collezione" e di importanza mondiale, vincitore del Booker Prize e tradotto in tutto il mondo.

Un altro autore citato da Lopez è Hunter Thompson, molto meno noto da noi ma già largamente collezionato in America.

Insomma, alcune cose sono cambiate, altre credo di no. A voi le conclusioni.

Stephen King vale un John Steinbeck?[3]

Voglio dedicare un breve post al collezionismo librario delle prime edizioni di horror e d'intorni, di cui non so molto ma che mi piacerebbe approfondire con il tempo. Finché non ho scoperto essere una vera passione per molti collezionisti, quando mi recavo in una libreria di usato i libri di questa tipologia nemmeno li notavo, o se li notavo non me ne interessavo... è sorprendente accorgersi quanto la nostra vista sia condizionata dall'esperienza vissuta e dagli oggetti che possiamo riconoscere con facilità. Quando ci troviamo davanti

---

[3] Post del 4/12/2012

ad una parete colma di libri, solitamente il nostro sguardo si sofferma su titoli che conosciamo o di cui abbiamo già sentito parlare.

La mia sensazione è in qualche modo condivisa anche dal "cacciatore di libri" Cliff Janeway, l'eroe de *Il detective che ama i libri* di John Dunning, che sottolinea come i libri horror, in particolare quelli di Stephen King o dei *kinghiani* Clive Barker e Dean R. Koontz, spesso sono letteralmente ignorati da alcuni librai antiquari americani, che li ritengono "bassa" letteratura. A differenza di altri, però, che portano i loro prezzi alle stelle.

Cito dal testo: "*Viviamo in tempi in cui le prime edizioni di Stephen King vendono dieci volte più di quelle di Mark Twain, e allo stesso prezzo. (...) non so spiegare come un libro come Le notti di Salem passi da dieci a quasi 1000 dollari in dieci anni. È la metà di quanto una copia quasi perfetta di Furore possa fruttare, se c'è bisogno di un punto di riferimento. (...) Quindi il mercato è cambiato, nessun dubbio, e la gente che lo frequenta è cambiata a sua volta. (...)*"[4]

Poste queste premesse, come di consueto non ho dato nulla per scontato e ho provato a leggere un libro di King. Risultato: ho rivalutato in primo luogo la sua figura di scrittore di successo e, in generale, la letteratura di fantascienza che, se scritta bene e con un minimo di introspezione psicologica, può risultare molto coinvolgente.

Tornando al collezionismo, voglio citare le edizioni più ricercate di King, a partire da quella che segna il suo esordio nel 1974, *Carrie*, al sucessivo *Salem's Lot* (Doubleday, 1975) fino al famoso *The Shining* (Doubleday, 1977), scelto dal regista Stanley Kubrick come trama di un suo famoso film horror, o, ancora, *Firestarter* (Viking Press, 1980) nell'edizione limitata (725 copie numerate, firmate dall'autore), citato da

---

[4]   J. Dunning, *Il detective che ama i libri*, Rusconi, Milano 2011, pp.72-3

Dunning come tra i più desiderati. Infatti questo libro raggiunge cifre fino ai 3000 dollari.

Anche le prime edizioni italiane, anche se non raggiungono simili cifre, sono molto ricercate e facilmente rivendibili e vantano un pubblico numeroso di appassionati.

Tra i più rari e ricercati figura il romanzo breve *Unico indizio la Luna piena* (Longanesi, 1986; titolo originale, Silver Bullet), che raggiunge i 200 euro, o *Ossessione* (Sonzogno, Milano 1988; titolo originale, Rage).

L'interesse dei collezionisti italiani per le prime di King, secondo alcune opinioni che ho raccolto su vari forum online, si concentrerebbe soprattutto intorno ai suoi libri di esordio, fino agli anni Ottanta circa. Ciò sarebbe dovuto alla sostanziale differenza tra questi e i testi pubblicati successivamente, che sarebbero stati oggetto di una pesante epurazione, voluta dalla casa editrice Sperling & Kupfer, di molti riferimenti alla cultura americana presenti nei suoi libri. Inoltre la censura del linguaggio spesso colorito e gergale di King ha provocato un generale appiattimento stilistico.

Ulteriori riflessioni sul collezionismo[5]

Il successo riscosso dal mio post di qualche tempo fa dedicato alla riflessione sul collezionismo di libri rari nell'era di Internet mi ha spinta ad aggiungere alcune note e riflessioni, prendendo come spunto un articolo apparso l'anno scorso sulla pagina web del *Guardian* ad opera del famoso antiquario Rick Gegoski.

La riflessione di Gegoski, dai toni lievemente catastrofici e velati di malinconia, riguarda proprio il collezionismo librario dopo l'avvento del web, dove ognuno ormai può andare a

---

[5]   Post del 16/9/2013

cercarsi valutazioni e dettagli in merito a una data rarità e formarsi una propria collezione di prime edizioni con la facilità di un click.

A riprova di ciò, Gegoski fornisce l'esempio della prima edizione di *On the Road* di Jack Kerouac, considerata il "manifesto" della letteratura Beat americana.

Gegoski asserisce che una volta questa edizione era reperibile soltanto attraverso il canale dell'antiquariato, salvo rari casi di *trouvailles* presso le bancarelle. E quindi era "scarce", termine inglese per definire un libro raro, e molto valutato.

Mentre da quando esistono i siti online di libri usati il testo è stato fortemente deprezzato poiché reperibile pressoché ovunque nel mondo. "*It may be that a similarly large number were out there in the past, but nobody knew where they were.*" Anche in precedenza le copie in circolazione di questo libro erano tante, soltanto che nessuno sapeva della loro esistenza.

Per giunta, sempre secondo Gegoski, una volta si andava "a caccia" riversando aspettative ed emozioni immense in quell'atto. Mentre oggi basta effettuare qualche ordine online e il gioco è fatto.

"[...] *Hunting involves nothing more exciting or time-consuming than booting up a computer and surfing the rare book sites*". La caccia al giorno d'oggi implica nulla di più eccitante e impegnativo in termini di tempo che prendere un pc e navigare sui siti di libri rari.

Come risultato di tutto ciò, conclude Gegoski, il nuovo criterio adoperato dai librai per determinare il prezzo di una prima edizione è quello di valutarne le caratteristiche esterne. Se è fornito di sovraccoperta, se questa è integra e via discorrendo, riducendo il valore di una prima edizione a pure considerazioni di carattere fisico, privandola del suo contenuto e del suo valore letterario.

Ora, le riflessioni dell'autore non possono che essere vere e indubbie: il mondo è cambiato anche grazie - o a causa - del web. Tuttavia mi trovo d'accordo con lui soltanto a metà.

Il gusto della caccia presso bancarelle e librai, è vero, si è un po' persa, ma ritengo che il mercato si sia fatto molto più intrigante e sotto certi aspetti maggiormente limpido.

Il fatto di sapere quanto un'opera sia effettivamente rara aiuta il collezionista ad evitare di incappare nelle solite fregature che spesso e volentieri gli vengono tese dagli antiquari disonesti e di acquistare più consapevolmente.

Inoltre oggi un collezionista ha la possibilità di reperire una quantità di libri inimmaginabile prima dell'esistenza di Internet, quando occorreva aspettare anche degli anni per avere un certo testo.

Insomma, Gegoski nell'articolo ci fornisce un quadro un po' troppo negativo della situazione, perdendo di vista gli aspetti davvero innovativi.

Forse perché parla da antiquario...

L'importanza della sovraccoperta[6]

Dust jacket, anche chiamata "dj" in inglese, la sovraccoperta a partire dal secondo-terzo decennio del Novecento è diventata parte integrante del libro, arricchendolo e contribuendo a renderlo un oggetto deliziosamente confezionato.

C'è chi snobba l'eccessiva importanza che il collezionista attribuisce alle sovraccoperte, sostenendo che un'opera va assaporata per il suo contenuto e non per il suo aspetto esteriore e criticando il fatto che un libro privo di sovraccoperta venga pesantemente deprezzato dagli antiquari.

Ma, ditemi, cosa sarebbero certi libri senza di loro? Proviamo ad immaginare, per esempio, la prima del *Pasticciaccio* di

---

[6] Post del 23/4/2013

17

Gadda senza la sua stupenda sovraccoperta illustrata? O *Bestie del 900* di Palazzeschi privo del linoleum di Mino Maccari?

L'argomento è nato da un aneddoto a cui ho assistito da un libraio antiquario, che possedeva due edizioni de *Il nome della rosa* di Umberto Eco (Bompiani, 1980). Una prima, senza la sovraccoperta, e una ristampa, con la sovraccoperta. A quel punto la domanda è sorta spontanea: è possibile fare uno "scambio" affidando alla prima edizione la sovraccoperta della ristampa?

A prima vista risultavano uguali, ma ben presto rimanemmo delusi: il talloncino del prezzo della prima - che, a onor del vero, spesso viene tagliato - differisce da quello delle ristampe, evidentemente a causa del successo del libro e quindi da un aumento di prezzo. Dalle 10.000 lire del prezzo della prima edizione, si va a 25.000 lire. Non ho verificato sistematicamente se ciò possa valere per tutte le case editrici, ma per quanto riguarda la Bompiani il fatto è diffuso (alcuni editori spesso nell'aletta anteriore della sovraccoperta segnavano il numero di edizione).

Da qui, quindi, la riflessione sull'unicità della sovraccoperta, oltre che sulla sua importanza. Da spiegare agli scettici...

L'importanza della fascetta editoriale[7]

Svariati mesi fa affrontai l'argomento dell'importanza della sovraccoperta, individuandola come non strettamente necessaria ai fini della fruizione del libro, ma assolutamente indispensabile in termini collezionistici e di apprezzamento "fisico" di esso.

---

[7] Post del 14/2/2014

La fascetta editoriale non ricopre la stessa importanza, ma non è meno interessante e, se presente, aiuta ad aumentare la valutazione del testo.

I bibliofili più colti sicuramente ricorderanno il caso della *Vita di Pisto* di Romano Bilenchi, la cui edizione originale fu munita di una quantomeno improbabile e ilare fascetta editoriale, che annunciava il successo clamoroso del libro addirittura in Massachusetts!

Il caso rimarrà sicuramente negli annali del collezionismo delle fascette editoriali.

E l'importanza di questo apparentemente insignificante fogliettino è confermata dall'ultimo esito di un'asta Ebay di *Carrie*.

Questo romanzo di Stephen King in prima edizione Sonzogno solitamente vende a 40-50 euro, ma questa volta, con la presenza della fascetta, ha raggiunto gli 80 a colpi di offerte.

Chi colleziona i libri dell'autore sicuramente non poteva perderla.

Gli anni Sessanta: il primo post del blog e molto altro

Tra i primi acquisti seri che feci nel lontano 2009, quando iniziai ad appassionarmi ai libri, figurano i cataloghi di mostra degli anni Sessanta. Il merito va al mio professore di Storia dell'Arte Contemporanea Flavio Fergonzi, un vero *outsider* nella critica d'arte per i temi e la metodologia di insegnamento molto innovativi, nonché geniaccio e conoscitore di rara esperienza.

Grazie a lui ho scoperto il magico periodo degli anni Sessanta in Italia, quando le gallerie d'arte specialmente di Roma e Milano diventarono fucina di talenti che avrebbero segnato la nostra storia dell'arte (basti citare un Jannis Kounellis o un Michelangelo Pistoletto, oggi contesi a suon di denari dalle gallerie di tutto il mondo). Allora c'era creatività, passione e sfrontatezza nell'inventare un nuovo modo di fare arte. C'era voglia di fare, di dedicare la vita intera all'arte e di confrontarla con amici e colleghi appartenenti a campi diversi della creazione: la musica, la poesia, il teatro.

Il prodotto di tutto ciò, a parte i loro quadri e le loro installazioni, furono i cataloghi di mostra, che spesso di presentavano come vere e proprie opere d'arte, spesso concepite dall'artista stesso e realizzate in pochissime copie. Gran parte è finita al macero; quel che rimane oggi è valutato a caro prezzo.

Vi lascio quindi a una breve raccolta di post dedicati a quel periodo, soprattutto per quanto riguarda la riscoperta di alcuni personaggi un po' sottovalutati.

Il primo post del blog[8]

Voglio iniziare il mio blog con un libro di uno degli artisti più quotati del momento: Michelangelo Pistoletto. Si tratta di un catalogo del 1968, stampato in occasione della sua mostra alla Galleria L'Attico di Fabio Sargentini, che ospita uno dei momenti più salienti di questo artista e ospiterà altre personali importanti dei protagonisti dell'Arte Povera.

Dopo essermi lasciata sfuggire l'ultima copia in commercio sul sito online di compravendita *Abebooks* (in una settimana, circa quattro mesi fa, due diverse librerie li hanno venduti rispettivamente a 90 e 300 euro - la copia firmata dall'artista -), ho setacciato librerie, siti internet, ogni luogo possibile per scovarlo.

Una mattina, effettuata la consueta "visita di controllo" della disponibilità dei libri di cui sono alla ricerca, lo trovo in vendita: 30 euro!! Inutile dire che l'ho comprato in un nanosecondo...

Di recente l'antiquario Giorgio Maffei, assoluto esperto dell'editoria d'arte negli anni Sessanta, ne ha messo uno in vendita a 180 euro... lo stesso che nel 2008 aveva offerto in catalogo un'enorme quantità di libri di quegli anni, tra cui anche quello della prima personale di Pistoletto alla Galleria Galatea del 1960 (che cerco invano da due anni) ad un prezzo abbordabilissimo...

La configurazione interna del catalogo è innovativa, anticonvenzionale, che strizza l'occhio al libro d'artista nato proprio in quegli anni. Le immagini invadono la pagina e uno dei testi è riportato a pennarello, in un tentativo di rompere gli schemi e realizzare qualcosa di nuovo, come fece con i suoi quadri specchianti.

Un vero *must have*!

---

[8]   Post del 21/4/2012

Rarità e personaggi meno conosciuti dell'arte anni Sessanta

Vincenzo Agnetti[9]

Vincenzo Agnetti è un artista concettuale meno conosciuto dei nomi altisonanti di Pistoletto o Kounellis, ma che negli anni Sessanta/Settanta ebbe un ruolo decisivo per quanto riguarda l'introduzione dell'Arte Concettuale in Italia, spesso incentrata sulle teorie del linguaggio e della comunicazione propugnate in quegli anni da McLuhan.

Bellissimi i suoi libri d'artista, autentici oggetti d'arte stampati in copie numerate e su carte particolari. I più noti sono *Tesi* (Prearo, 1972) e *Obsoleto* (All'Insegna del Pesce d'Oro, 1968), il secondo arricchito da una splendida copertina realizzata in rilievo da Enrico Castellani, che riprende i suoi quadri di quegli anni. Il libro attualmente è offerto dallo Studio Bibliografico Marini a 450 euro.

Ma non è da meno questo da me segnalato, che qualche anno fa avrei potuto acquistare per la cifra di 20 euro... e che ora è irreperibile!

Si tratta di un libro che riprende un'omonima opera di Agnetti dello stesso anno, basata su una "scomposizione" del monologo di Amleto in cifre, affiancate da riproduzioni di bandiere. Nell'installazione originaria una voce recitava i numeri da uno a dieci su un podio.

Ma Agnetti è noto anche per il suo *Libro dimenticato a memoria* del 1970, che continua la ricerca sul libro d'artista avviata da alcuni suoi colleghi come Emilio Isgrò e Piero Manzoni all'inizio degli anni Sessanta.

---

[9] Post del 4/7/2013

Mario Ceroli[10]

Un altro artista sottovalutato al pari di Vincenzo Agnetti, di cui ho scritto la scorsa settimana, è Mario Ceroli (1938).

Ceroli nel corso degli anni Sessanta partecipò attivamente agli eventi e alle mostre dell'Arte Povera con le sue notissime sculture in legno dalle forme appiattite, divenute ormai il suo segno distintivo. Tuttavia non riuscì mai a raggiungere la fama che travolse i suoi colleghi e spesso si dimentica di citare i suoi ottimi interventi in quelle occasioni collettive.

Lo stesso vale per i suoi libri, che non sono meno rari dei cimeli di nomi come Pascali, Paolini e altri, ma che vengono venduti a prezzi molto bassi.

Uno di questi è un pieghevole stampato in occasione della sua personale alla Galleria del Naviglio a Milano, gestita dal rinomato gallerista Carlo Cardazzo. Il testo viene offerto dallo Studio Bibliografico Marini a soli 25 euro... mentre uno stesso esemplare di un artista come Lucio Fontana raggiunge i 70-80 (se si riesce a reperirlo!).

Lo so, Fontana è Fontana, ma l'esempio vale come termine di paragone.

Dello stesso anno risulta molto raro il suo catalogo della mostra alla Galleria La Tartaruga di Roma, luogo da me ripetutamente segnalato come di cruciale importanza per lo sviluppo dell'arte degli anni Sessanta.

Se lo doveste trovare, sono curiosa di sapere quanto l'avete pagato...

---

[10] Post del 9/7/2013

Fabio Mauri[11]

Dopo Mario Ceroli e Vincenzo Agnetti non potevo non dedicare un post al terzo artista italiano degli anni Sessanta/Settanta che la critica tende a sottovalutare ma che, al contrario, meriterebbe una rivalutazione storica e di mercato: Fabio Mauri (Roma, 1926).

La sua prima personale di rilievo risale al 1963 presso la galleria La Salita di Roma, che in quegli anni ospitò gli esordi della maggior parte degli artisti italiani destinati in seguito a raggiungere la fama.

Un ottimo trampolino di lancio per continuare ad operare nell'ambiente romano allora molto fervente.

Ma la sua vera scuola fu l'ambiente intellettuale milanese, da lui frequentato prima del trasferimento a Roma e di cui ebbe la fortuna di far parte grazie al padre cofondatore della casa editrice Mondadori, dove peraltro lavorava lo zio di Fabio, Valentino Bompiani (il fratello di sua madre). Capitava così che personaggi del calibro di Luigi Pirandello, Ettore Petrolini o Filippo De Pisis fossero di casa negli ambienti che frequentava.

Nel 1942 infine fonda assieme a Pier Paolo Pasolini la rivista di arte e letteratura "Il Setaccio", ad oggi piuttosto rara e ben valutata (chi la volesse reperire, forse può ancora trovarla presso La Rivisteria Ferraguti, libreria specializzata in riviste).

Nonostante la vita agiata e i buoni contatti, Mauri rimase sempre un animo sensibile e la tragedia dei campi di sterminio (anche se non vissuta in prima persona) provocò in lui un tale turbamento da farlo ricoverare più volte in clinica psichiatrica.

L'incontro decisivo per lo sviluppo della sua arte fu quello con Alberto Burri, che condizionò i suoi *collages* degli anni Cinquanta, anche se gli apporti furono molteplici e

---

riguardarono anche l'interesse nei confronti dei dipinti di Yves Kline e Cy Twombly.

A partire dagli anni Settanta la sua arte assunse una coloritura fortemente ideologica e concettuale, concentrandosi soprattutto sulle *performances* di grande impatto emotivo, come ad esempio *L'Ebrea* del 1971, dove riflette sull'antisemitismo nazista.

I due cataloghi che vi propongo, sempre ben prezzati e di difficile reperibilità, sono entrambi molto importanti per comprendere la sua carriera e fondamentali per chi volesse collezionare i libri di Mauri.

Il primo (valutato sui 200-300 euro) è un catalogo-libro d'artista intitolato *Linguaggio è guerra* ed è composto da una selezione di riproduzioni fotografiche, trasformate da tagli e montaggi, tratte da riviste inglesi e tedesche della seconda guerra mondiale. Su ogni fotografia c'è un timbro con la scritta "Language is war" e, come viene spiegato sul sito web dell'artista *"La composizione frontale e simmetrica dell'immagine consente una lettura al rallentatore anche quando il soggetto rappresentato è in movimento, privando le immagini di ogni possibile traccia di pathos. L'intento di Mauri è quello di approfondire il discorso sulla pluralità dei linguaggi ideologici che vengono manipolati dalle società nella lotta per la conquista della supremazia ideologica. Il linguaggio risulta essere un'arma, quindi linguaggio è anche guerra.*

Le stesse immagini sono state esposte in serie, come un'installazione, nel 1975 in Foto e idea, Museo Civico di Parma. Nel 1978 a Vancouver al Western Front Society."

A titolo di curiosità, il manifesto della performance è stato venduto per 82 dollari in asta Ebay.

Il secondo che vi segnalo, invece, un po' meno raro[12] ma con

---

[12]   *Fabio Mauri*, Galleria d'arte Toninelli, 1969, a cura di Cesare Vivaldi

critiche illustri (Villa, Ballo, Dorfles, Vivaldi ecc.) e fotografia di Claudio Abate e altri fotografi importanti, è un libro di pregevolissima fattura composto da pagine in bianco e nero e veline semi trasparenti nere che raffigurano alcune sue opere. La data di stampa piuttosto precoce (1969) fa di questo libro un documento imperdibile del suo operato.

50esimo anniversario dello Studio Marconi[13]

Ovunque si legge del 50esimo anniversario dello Studio Marconi, una delle gallerie d'arte italiane che giocò un ruolo fondamentale nello sviluppo dell'arte contemporanea in Italia e nel mondo.
La prima mostra, nel bel mezzo dei cruciali anni Sessanta (1965), vide come protagonisti Mario Schifano, Lucio Del Pezzo, Valerio Adami ed Emilio Tadini. Una mescolanza di stili e personaggi molto diversi tra loro, ma accomunati dalla voglia di "fare arte" senza rientrare per forza in schemi prefissati. Come amava Giorgio Marconi.
Per l'occasione inviarono per posta agli invitati dei puzzle raffiguranti le opere dei quattro artisti, idea molto innovativa e originale che fece di quel prodotto un oggetto da collezione ricercato ancora oggi (gli esemplari furono 500).
La Libreria Menabò li vende a 600 euro, ancora racchiusi nella loro stupenda scatola originale.
Inoltre la mostra del 1965 viene ora riproposta tale e quale nella nuova sede della galleria in via Tadino a Milano.
Un'altra tappa importante fu la personale di Valerio Adami, occasione in cui stamparono un bellissimo catalogo fotografico oggi valutato ancora molto poco (20/30 euro) ma importante

---

[13] Post del 4/2/2016

sia per quanto riguarda il percorso dell'artista, che per quello della galleria.

Molto più costoso, il catalogo della collettiva che vide come protagonisti sempre i quattro, ma con l'aggiunta di Enrico Baj.

La Libreria Marini, specializzata in libri d'arte soprattutto di quel periodo, lo propone a 130 euro, con allegato anche l'invito plastificato.

Il cenno al Futurismo nella copertina conferma la teoria della chiara ispirazione da parte dei neoavanguardisti al famoso movimento di primo Novecento, che ruppe tutte le regole e le convenzioni.

Concludo con il bellissimo *Vita di Voltaire* di Emilio Tadini, altra chicca editoriale dalla fucina Marconi.

Prezzo 40 euro.

I cataloghi delle Biennali di Venezia[14]

Se siete appassionati di libri d'artista contemporanei come me, vi consiglio di tenere d'occhio un filone specifico: quello dei cataloghi delle Biennali di Venezia.

Che non sono quelli che pensate, ossia i cataloghi generali di tutti gli artisti, che venivano stampati a partire dalla prima Biennale di Venezia di fine Ottocento, fino ad arrivare ai giorni nostri (che pure sono collezionati), bensì quelli dei singoli artisti o dei singoli padiglioni, un fenomeno nato intorno agli anni Ottanta.

Se fate una breve ricerca del materiale, vi accorgerete che quasi tutti sono libri d'artista, stampati in pochissime copie (quindi future rarità!) e molto belli e innovativi.

Alcuni hanno già raggiunto valutazioni considerevoli, mentre

---

[14] Post del 4/2/2013

la gran parte è ancora acquistabile a cifre bassissime.

Inutile dire che con il tempo diventeranno preziosissimi, ovviamente se l'artista verrà riconosciuto da pubblico e critica e otterrà un posto nel firmamento dell'arte contemporanea.

Ad esempio, questa settimana ho acquistato il catalogo della personale di Robert Gober in occasione della Biennale di Venezia del 2001, stampato in collaborazione con l'Art Institute di Chicago, il Hirschhorn Museum e lo Smithsonian di Washington.

Si tratta di due libri in un cofanetto morbido recante un'immagine stampata incollata al piatto anteriore. Uno è un testo esplicativo dell'opera, mentre l'altro è interamente fotografico ed è più propriamente un libro d'artista. Al momento lo troverete a prezzi molto bassi, anche se alcuni librai lo offrono già a 100-130 euro. Io l'ho pagato 11...

Anni 70 arte a Roma[15]

Vista la mostra, acquistato e spulciato il catalogo, finalmente posso parlarvi dell'evento artistico dell'anno a Roma: la mostra sugli anni Settanta.

Premetto: gli argomenti emersi sono tanti, tutti interessanti e in parte intricati, dunque mi prenderò del tempo per raccontarveli.

La prima impressione, entrando nel maestoso Palazzo delle Esposizioni, è stata quella di una mostra criptica, dove soltanto le persone che già possiedono un'infarinatura generale sull'arte di quegli anni possono capirci qualcosa. Fortunatamente viene in aiuto il catalogo che, per una volta, è stato stampato in un praticissimo formato in ottavo e che spiega nel dettaglio le opere e i concetti cardine della mostra.

---

[15] Post del 24/3/2014

Del resto l'arte degli anni Settanta, diversamente da quella in un certo modo "spettacolare" del decennio precedente, si è caratterizzata per una complessità tutta sua, dominata da una mole teorica importante. Filosofia, psicologia e storia hanno fatto da pilastri della creazione artistica.

Sfogliando il catalogo almeno tre sono i concetti che vengono alla luce e che aiutano a spiegare le opere degli artisti sotto alcuni denominatori comuni: il concetto di psiche è il primo, indagato da molti e spesso sostenuto da impianti teorici che fanno riferimento alla filosofia e agli antichi miti.

In questo la riflessione sulla morte gioca un ruolo fondamentale: lo scheletro di Gino De Dominicis dell'opera *Il tempo, lo spazio, lo sbaglio* del 1969 (al centro della sala principale) è eloquente.

Il secondo è quello dell'assiduo ricorso alla "autobiografia" intesa come autoritratto o espressione dell'individualità dell'artista che, come spiega Denis Viva nel suo intervento in catalogo, "*se non si tenesse in conto la ricezione, in Italia, della letteratura psicanalitica sull'arte alla fine dei Sessanta, si rischierebbe di scambiare per megalomania (...)*"[16]

A questo proposito i più colti ricorderanno sicuramente la serie di opere di Giuseppe Penone intitolate *Rovesciare i propri occhi*, dove l'artista manipola la propria immagine fotografica.

L'ultimo concetto molto importante è l'introduzione della fotografia come mezzo artistico (a ben vedere, già sperimentato dieci anni prima), ma anche come fondamentale strumento per documentare le opere degli artisti, soprattutto le loro *performance*. Se non fosse per certi scatti di Mulas o Sartor, certi eventi sarebbero rimasti soltanto nella mente dei partecipanti.

---

[16] In *Anni 70 Arte a Roma*, a cura di Daniela Lancioni, catalogo della mostra al Palazzo delle Esposizioni, Roma 17 dicembre 2013 - 2 marzo 2014, p.59)

È anche per questo che oggi valgono un'autentica fortuna!

Infine l'elemento a mio avviso più interessante per noi collezionisti è stato l'allestimento di numerose bacheche sparse qua e là con libri d'artista e cataloghi delle mostre di quegli anni.

Da vedere!

Ciò che non ha limiti...[17]

Oggi voglio parlarvi di un libro d'artista molto raro realizzato da uno dei maestri dell'Arte Povera, Giulio Paolini, stampato in proprio in 50 esemplari firmati e numerati.

Al momento non sono riuscita a trovare nemmeno una valutazione, ma è sufficiente far notare che il libraio antiquario torinese Giorgio Maffei lo offre con prezzo su richiesta. Orientativamente potrebbe aggirarsi intorno ai 600-1000 euro.

Ciò che non ha limiti... - così è intitolato il libriccino - è costituito da un elenco di nomi e cognomi di persone conosciute da Paolini in ordine alfabetico e rappresenta un *ante quem*, in termini concettuali, della sua nota opera esposta alla rassegna *Il Teatro delle Mostre* dello stesso anno.

Il libro viene citato da Germano Celant - che vanta il merito di aver introdotto per la prima volta la definizione di questo prodotto artistico - nel suo libro *Offmedia* del 1977[18], dove viene ripreso e ampliato il suo articolo di alcuni anni prima dedicato al libro d'artista.

Nel saggio su questo libro, Celant pone l'accento sul concetto di nome come "*segno insignificante (...) termine personale e soggettivo che non possiede alcuna caratteristica universale né

---

[17] Post del 28/1/2013
[18] pp.107-73

30

linguistica, è solo un termine di caratterizzazione astratta, indissolubile dalla persona".[19]

Un commento che rimanda alle teorie della semiotica introdotte dai testi di Roland Barthes, allora molto letto e discusso, che in Italia avevano in Umberto Eco il divulgatore più attivo. Per la semiotica ogni segno presente nella civiltà umana non ha significato di per sé, ma ne viene investito quando entra in un circuito culturale, acquistando anche diversi significati a differenza del contesto in cui si trova. Il segno sarebbe quindi l'espressione di una certa cultura e non un elemento universalmente comprensibile.

Nel caso del libro di Paolini, il circuito culturale in grado di interpretare i suoi nomi è molto ristretto, poiché soltanto le persone a lui vicine possono decifrare e comprenderli. Con questo, secondo Celant, Paolini ha voluto esprimere la differenza tra libro d'artista e libro tradizionale (ad esempio il vocabolario o l'elenco scientifico), che non richiede alcuna interpretazione o verifica da parte dello spettatore.

La trasformazione del catalogo di mostra negli anni Sessanta[20]

Il catalogo cartaceo, che solitamente esce in occasione della mostra personale di un artista, negli anni Sessanta muta notevolmente e, spesso, viene giustamente confuso con il libro d'artista.

Innovativo nell'impaginazione e nella grafica, deriva dalla

---

[19] *Offmedia*, contenuto in G. Celant, *Artmix. Flussi tra arte, architettura, cinema, design, moda, musica e televisione*, Feltrinelli, Milano 2008, p.38)

[20] Post del 11/12/2012

volontà da parte dell'artista di esprimere le proprie opinioni e diffondere la propria poetica attraverso un prodotto stampato in occasione della mostra personale. Questo ha favorito quindi la nascita del "genere ibrido" del catalogo di mostra / libro d'artista.

Uno degli esempi più significativi è *Alfabeto* di Jannis Kounellis, un libriccino di poche pagine costituito da stampe dei noti caratteri tipografici dell'artista (presentati per la prima volta nel 1960 alla Galleria La Tartaruga), accompagnati da una poesia visiva di Mario Diacono, un pioniere della poesia d'avanguardia, nonché critico d'arte e amico del poeta visivo Emilio Villa.

Il libro uscì nel '66 in occasione di una sua personale alla galleria Arco d'Alibert di Roma, che ne stampò il testo.

La galleria già da alcuni anni aveva l'abitudine di produrre piccoli libelli o presentazioni di mostre dal carattere editoriale fortemente innovativo, che venivano diffusi tra i clienti. *Alfabeto* è uno di questi e curiosamente è l'unico ad essere stato individuato come libro d'artista collezionabile.

Altri due esempi di questa ibridazione sono il catalogo *2121969* di Giulio Paolini e quello realizzato da Andy Warhol per la mostra al Moderna Museet di Stoccolma nel 1968, menzionato tra gli "Incunaboli del contemporaneo" dal noto studioso del libro d'artista Giorgio Maffei.

La nascita del libro d'artista[21]

La carica innovativa dell'opera di Piero Manzoni, che si pone come protagonista indiscusso dell'avanguardia artistica degli anni Sessanta, e la sua qualità di precursore viene confermata

---

[21] Post del 6/11/2012

anche dalla sua introduzione in Italia del libro d'artista (*"Il s'agit du premier livre d'artiste en Italie"*[22]).

Nel gennaio del 1962, un anno prima della sua scomparsa, Manzoni incarica per via postale l'amico artista Jes Petersen di realizzare un libro in plastica composto da 100 pagine in acetato trasparente, prive di testo, fornendogli addirittura uno schizzo esemplificativo della copertina (che verrà trovato tra le sue carte, con la data 1962 riportata sul frontespizio e una variazione del luogo di stampa).

Petersen riuscirà a realizzarlo secondo le indicazioni prima della sua morte, con l'eccezione delle pagine bianche in sostituzione all'acetato, materiale che probabilmente gli creò problemi di reperimento e di natura economica. Il numero di copie dichiarate sul frontespizio sono 60, ma è noto che ne fu effettivamente realizzata soltanto una piccola parte.

Piero Manzoni life and works è un libro che indaga sugli elementi costitutivi dell'oggetto libro, rivelando il supporto ed esercitando attraverso esso un gesto di rottura. Azioni che influenzeranno i libri dimenticati a memoria di Vincenzo Agnetti o i libri cancellati di Emilio Isgrò.

Commenta Celant: *"Il libro di Manzoni elimina ogni filosofia della parola. È, come i suoi Achromes, la tabula rasa. Serve per annullare la mistica personale e la carica esistenziale della parole e immettere il libro come nuovo valore artistico, come medium autosignificante, con una propria individualità e contestualità primarie"*[23]. Dopo l'azzeramento in pittura con i suoi quadri monocromi, dopo le sue rinunce ad aderire al rigido sistema dell'arte e del suo mercato con la merda d'artista e, infine, dopo i suoi infiniti giochi irriverenti e concettuali con il

---

[22] In G. Celant (a cura di), *Identité italenne. L'art en Italie depuis 1959*, catalogo della mostra, Centre Georges Pompidou, Parigi, 25 giugno - settembre 1981, Centro Di, Firenze 1981, p.105

[23] in G. Celant, *Artmix, p.29* (op.cit)

suo fiato d'artista o le sue linee inscatolate, con quest'opera Manzoni mette mano sulla Cultura, sovvertendone lo strumento per antonomasia: il libro.

Libro d'artista e poesia visiva[24]

La poesia visiva per vicinanza ideologica e origini viene spesso identificata con il libro d'artista, la cui nascita canonica viene fissata generalmente a cavallo tra la fine degli anni Cinquanta e l'inizio degli anni Sessanta. In realtà, nonostante nelle principali esposizioni dedicate al libro d'artista figurino anche testi di poesia visiva, il genere, a mio avviso, andrebbe distinto.

La poesia visiva affonda le proprie radici addirittura nel Medioevo, con i *carmina figurata*, poesie le cui frasi o parole venivano organizzate in modo da sviluppare anche una qualità visiva.

Il grande *ante-quem* della poesia visiva, però, sono gli esperimenti dei due fondamentali poeti francesi Stéphane Mallarmé e Guillaume Apollinaire, il primo con il poema visivo *Un coup de dés jamais n'abolira le hasard* (1897, pubblicato in forma di libro nel 1914), il secondo con la raccolta *Calligrammes* (1918). Questi due testi sono ritenuti all'unanimità l'ispirazione principale della poesia visiva, che nasce intorno agli anni Cinquanta e fiorisce negli anni Sessanta, venendo infine teorizzata nel '69 dal cruciale testo di Adriano Spatola, *Verso la poesia totale*.

Il libro *Una proposizione affermativa* (Galleria Blu 1972) - che figura come "libro d'artista" nei cataloghi antiquari - di Ugo Carrega e un esempio interessante. Carrega fu un poeta visivo che fin dagli anni '60 condivise con Mario Diacono, Martino

---

Oberto, Vincenzo Accame e la cerchia della rivista Ana Etcetera l'esperienza dell'avanguardia in poesia. Il libro viene realizzato in occasione della sua quinta personale (seconda in Italia), dopo quella di esordio nel '70 alla galleria milanese di Arturo Schwarz.

Io l'ho acquistato su Ebay da un privato a pochi euro, anche se ad ogni modo al momento non ha raggiunto somme elevate (le uniche due copie attualmente in commercio sono del libraio Gianni Soffientini, che lo offre a 140 euro, e dello studio bibliografico Giorgio Maffei, offerto a soli 30 euro).

La copertina già denuncia la propria presa di posizione contro le istanze tradizionali e superate dell'editoria: frasi dattiloscritte che all'apparenza non ci dicono nulla, ma che in realtà giocano con le possibili combinazioni dei significati, inscritti in tre lunghi rettangoli. Caratteristiche che, assieme alla mescolanza idiomatica, l'asintattismo e l'organizzazione visiva delle frasi, saranno l'elemento più nuovo della ricerca visuale in poesia, di cui uno degli esponenti più illustri sarà il genio Emilio Villa (i cui testi sono rarissimi e ricercatissimi).

Un versante del collezionismo colto e di nicchia, che un giorno potrebbe raggiungere le quotazioni dei libri futuristi.

Un protagonista degli anni Sessanta in letteratura: Alberto Arbasino[25]

Ho appena acquistato la prima edizione dell'opera prima di Alberto Arbasino, *Le piccole vacanze* (Einaudi 1957) da un libraio di Rovigo per la metà dell'attuale quotazione in Internet (anche se occorre dire che non è uno dei testi più rari dell'autore).

---

[25] Post del 8/6/2012

I testi di Arbasino, a differenza delle edizioni di poesia degli stessi anni (si veda *Laborintus* di Sanguineti, 1956 o *Cronache e altre poesie* di Pagliarani, 1954) stranamente hanno quotazioni molto inferiori. Perfino a un'edizione considerata tra le più rare, *Sessanta posizioni*, è attribuito un prezzo massimo di 130 euro... il fatto è forse dovuto al numero elevato di copie diffuse? La bibliografia in merito alla questione non mi è pervenuta e meriterebbe un approfondimento.

L'unica opera con quotazioni più elevate è *Turchi: Codex Vindobonensis 8626* edita da Franco Maria Ricci nel 1971, una raccolta illustrata di scritti sulla popolazione turca. La tiratura limitata dell'edizione e il prestigio dell'editore, amato da molti bibliofili, probabilmente hanno fatto sì che il prezzo salisse.

Un altro testo fondamentale è *Fratelli d'Italia* del 1963, l'unico di Arbasino che per ora ho avuto modo di leggere e la cui lettura mi ha fatto respirare a pieni polmoni il *mood* dei mitici anni Sessanta. La grande cultura di Arbasino è percepibile e ti coinvolge in ogni riga con allusioni e rimandi. Delizioso.

Quest'opera è lodata anche da un autore che stimo moltissimo, Giampiero Mughini, nella sua *La collezione*[26], dove racconta della sua splendida raccolta di rarità del Novecento, dalle ricercatissime edizioni futuriste, alle prime di Bilenchi, Svevo, Ungaretti e moltissime altre. L'elenco è spettacolare e nella narrazione traspare l'amore incontrollato dell'autore per questi testi, sia dal punto di vista del possesso, che del valore storico e umano in essi racchiuso; un libro che ho adorato e riletto ripetutamente. Lo stile aggressivo e asciutto di Mughini può non piacere, ma io lo trovo esilarante. Per concludere, un'altra sua opera molto interessante è anche *In una città atta agli eroi e ai suicidi. Trieste e il "caso" Svevo*, che una triestina *doc* come me ha apprezzato moltissimo.

---

[26] Einaudi, Torino 2009

Il Teatro delle Mostre[27]

L'esposizione *Teatro delle Mostre* organizzata dalla Galleria La Tartaruga di Plinio de Martiis nel 1968 rappresenta uno dei culmini della ricerca artistica degli anni Sessanta e uno degli ultimi episodi in cui assistiamo alla partecipazione di poeti visivi, artisti provenienti dall'Arte Povera e Concettuale e scrittori in un unico evento.

Come anticipa già la fascetta editoriale del catalogo (che avrei voluto acquistare assieme al libro, se l'avessi trovata), edito da Lerici nel 1968 e prefato da Maurizio Calvesi, l'evento prevedeva ogni giorno una *performance* di un artista diverso, a partire da Giosetta Fioroni, Ciro Ciriacono, Giulio Paolini e via dicendo. Ogni artista proponeva il suo modo di concepire l'arte o la scrittura e nel catalogo, dove la documentazione fotografica regna sovrana, ad ogni artista è dedicato un numero in sequenza, una breve spiegazione della performance e le relative immagini.

Colpisce particolarmente l'opera di Giulio Paolini, che nel suo *Autoritratto*, calcato da quello del doganiere Rousseau, inserisce immagini di amici, artisti e personaggi a lui vicini (si intravedono Lucio Fontana, la mitica Carla Lonzi, la cui raccolta di interviste ad artisti intitolata *Autoritratto* uscirà l'anno successivo per l'editore Donato, Consagra e molti altri).

O l'opera di Cesare Tacchi, *Cancellazione d'artista*. Spiega il catalogo: "*tacchi chiuso in una nicchia ricoperta da una parete completamente trasparente. seduto su uno sgabello, la luce di una lampada sul capo. immobile. poi comincia con un pennello ed un barattolo di vernice bianca a cancellarsi. (...)*".

L'atto di cancellare è molto presente in quegli anni, a partire

---

27 Post del 23/5/2012

dalla famosa cancellazione da parte di Rauschenberg di un disegno di De Kooning del 1953, a quelle di Gastone Novelli o dei libri cancellati di Emilio Isgrò; gli artisti si guardavano a vicenda e venivano ispirati l'uno dall'altro.

Tornando al catalogo, io l'ho acquistato da un antiquario di Rotterdam a poche decine di euro. Un anno fa circa era ancora possibile farlo poiché, a differenza di altri cataloghi di collettive (come ad esempio *Lo spazio dell'immagine* del 1967 o il catalogo della mostra dell'Arte Povera alla Galleria de' Foscherari di Bologna del 1968) non aveva ancora raggiunto quotazioni molto alte. Cosa avvenuta subito dopo, con il caso dell'aumento del prezzo da parte di una libreria italiana da 30 a 200 euro...

Ad ogni modo questo libro merita di figurare tra quelli delle più importanti collettive degli anni Sessanta, in particolare per l'importanza dell'evento, ma anche per il prestigio della galleria d'arte che l'ha ospitato. Alla Tartaruga, fra le altre esposizioni, si tenne nel giugno del 1960 anche la prima fondamentale mostra dell'alfabeto di Kounellis, che diede inizio alle sperimentazioni dell'artista verso molteplici direzioni e il cui invito-locandina (unico documento della mostra) è stato messo in vendita nel 2009 dalla libreria Ardengo, specializzata in testi d'arte e editoria del Novecento, a 200 euro.

Pino Pascali e la fine simbolica degli anni Sessanta[28]

La tragica fine del giovane artista Pino Pascali, avvenuta a Roma in motocicletta, segna anche la fine simbolica del fermento artistico degli anni Sessanta. Nello stesso anno muoiono altri maestri indiscussi di quel periodo artistico:

---

[28] Post del 21/6/2012

Gastone Novelli, Lucio Fontana, Ettore Colla, Marcel Duchamp.

È una coincidenza sorprendente, a tratti inverosimile.

Pascali era un artista pugliese che nell'arte amava giocare, sia dal punto di vista del linguaggio, che sotto l'aspetto della tecnica. Costruiva finti cannoni con materiali di scarto, curiosi animali con materiali strappati all'industria, giocando con la titolazione o mari percorsi da balene giganti di cartapesta, come nel catalogo che ho acquistato.

Il catalogo di cui voglio parlarvi è quello della mostra alla Galleria Jolas di Milano del 1967, con una presentazione di Cesare Brandi, semplicemente intitolato Pascali. Attualmente ha valutazioni abbastanza alte, che oscillano tra i 200 e 300 euro.

Per quanto mi riguarda, ho avuto l'incredibile fortuna di pagarlo per meno di un decimo della valutazione più bassa. L'acquisto è avvenuto su Ebay da un venditore americano che non si è reso conto dell'importanza di questo testo (l'unico catalogo di Pascali - tra quelli precedenti alla sua morte e quindi più ricercati - al momento disponibile sul mercato).

Un'altra rarità di Pascali è il catalogo della mostra *Bachi da setola* della Galleria L'Attico di Roma.

Facendo uscire l'arte dalle dimensioni coercitive del quadro e facendola dialogare con l'ambiente circostante, Pascali ha posto le basi dell'arte contemporanea, sviluppatasi dopo gli anni '80 e '90. Nell'impresa lo hanno accompagnato i suoi colleghi: Giulio Paolini, Michelangelo Pistoletto, Mario Merz, Jannis Kounellis, ecc. che hanno fondato il gruppo dell'Arte Povera, riunitisi per la prima volta nel 1967 alla mostra *Fuoco Immagine Acqua Terra* alla Galleria L'Attico di Roma e a quella dello stesso anno a Foligno, *Lo spazio dell'immagine*.

Ma il movimento ha avuto la consacrazione ufficiale alla Galleria La Bertesca di Genova nel settembre dello stesso anno, per poi esporre con lo stesso gruppo l'anno successivo a

Bologna e ad Amalfi.

È una rivoluzione epocale, già preannunciata da Duchamp intorno al 1915, con l'orinatoio o lo scolabottiglie, ma che impiegò quarant'anni per evolversi e affermarsi. Da quel momento in poi l'artista non si preoccuperà più di innovare nel campo dell'arte avvalendosi esclusivamente del mezzo pittorico, ma sarà più libero di sperimentare forme e oggetti nuovi, in un ambiente libero come quello degli anni Sessanta.

Gli esordi letterari in Italia

Uno dei temi che hanno maggiormente appassionato voi lettori e che hanno suscitato innumerevoli dibattiti e mail intercorse tra me e voi, è quello degli esordi di scrittori degli ultimi trent'anni, oggi famosi e acclamati in Italia.

Come spesso ho avuto modo di osservare nel mio blog, un esordio è un qualcosa di rara bellezza.

È commovente e acerbo, coraggioso e sfrontato, talvolta anche odiato e minimizzato dall'autore stesso che se ne vergogna. Di sovente è pure autofinanziato.

Per quanto riguarda noi collezionisti, il vero divertimento è spulciare nel web o nelle bibliografie cartacee le prime pubblicazioni degli autori, per poi cercarle avidamente presso cataloghi antiquari e bancarelle.

Nella maggior parte dei casi le troveremo a poco prezzo, acquistandole nello stupore del libraio di turno alla vista di tanto inspiegabile entusiasmo. In seguito però, con il passare degli anni in alcuni casi verremo ripagati ampiamente della spesa e a quel punto anche della pazienza.

È successo con i primi libri di mostri sacri come Eugenio Montale o Italo Svevo, che oggi valgono una fortuna. E molto probabilmente succederà anche con gli esordi recenti.

Buona lettura!

L'enigma dei contemporanei[29]

Ho sempre nutrito una certa diffidenza nei confronti dei *bestsellers* degli scrittori i cui nomi sono ovunque, vincono premi e vendono milioni di copie.

Poi un giorno mi sono detta: proviamo a leggerli, questi *bestsellers*, e vediamo cosa ne viene fuori.

...devo ammettere che sotterrai l'ascia di guerra già al primo nome notissimo: Ammaniti, di cui ho adorato *Branchie!*, ma continuerò con *Come dio comanda* e tutta la narrativa successiva dell'autore.

Poi passai a Piperno, i cui titoli sono sempre troppo complicati da ricordare, ma che il suo stile ti aggancia alla sedia già al primo capitolo (in questo caso mi riferisco a *Con le peggiori intenzioni*). È una scrittura molto diversa da quella di Ammaniti, meno ironica, più intellettuale.

Infine presi in mano *Testimone inconsapevole* di Carofiglio e trovai che per essere il suo romanzo d'esordio era semplicemente bellissimo... soprattutto verso la metà del libro quando finalmente riesce a intravedere uno spiraglio di luce nel pessimismo che lo attanagliava; si prepara del cibo, mettendo su un buon disco e sorseggiando un ottimo rosso.

Del resto già Aldo Buzzi diceva che *"lo scrittore che non parla mai di mangiare, di appetito, di fame, di cibo, di cuochi, di pranzi mi ispira diffidenza, come se mancasse di qualcosa di essenziale"*.

Insomma, il mio esperimento mi ha dimostrato che questi maledetti *bestsellers* non sono affatto da tenere lontani con un bastone, o perlomeno non sempre.

Da che mondo è mondo i libri più venduti sono anche quelli

---

29 Post del 26/08/2012

più belli, intensi e coinvolgenti.

Infine mi sono detta: le prime edizioni di questi scrittori ora sono ricercatissime... perché non provare ad acquistare i testi di esordio di queste giovani promesse e metterli da parte allo scopo di possedere, un giorno, una bella collezione di prime edizioni contemporanee?

Ma evidentemente qualcuno è arrivato prima di me... e ha avuto la stessa idea.

Vuoi anche perché sono usciti in tirature limitatissime, e perché chi ama uno scrittore solitamente vuole leggere tutto quello che ha scritto, i testi risultano di difficile reperibilità (almeno per il momento).

Branchie! nell'editore Ediesse è stato appena venduto su Ebay per 20 euro[30] - cifra abbastanza alta se proporzionata a quella di altri romanzi contemporanei nel mercato dell'usato, che giacciono invenduti nei magazzini - e il fatto che abbia subìto sostanziose modifiche nell'edizione successiva accresce la curiosità nei confronti di questo testo.

Il libro di esordio di Piperno, *Proust antiebreo*, mi sta creando altrettanti problemi[31]. Il saggio viene citato in *Con le peggiori intenzioni*, e, se le informazioni corrispondono a verità (o, al contrario si è trattato soltanto di un gioco dell'autore), ha venduto diecimila copie e smosso con le sue illazioni scabrose, lo snobistico e agguerrito mondo degli studiosi di Proust.

Per quanto riguarda quello di Carofiglio, il libro ha visto così tante ristampe nello stesso anno che diventa impossibile reperire la prima.

La lista elenca ancora qualche caso del genere e la questione mi fa riflettere da un po'.

Per quanto durerà questa condizione di irreperibilità?

Accadrà come con Arbasino le cui prime edizioni

---

[30] Oggi si vende fino a 300 euro
[31] Ad oggi non l'ho ancora trovato!

rispunteranno come funghi circa 40 anni dopo con conseguente svalutazione nel mercato?

Chi vivrà, vedrà...

Antonio Pennacchi[32]

Era da un po' che volevo aggiornarvi, ma poi ho dato priorità ad altro e alla fine un attento collezionista mi ha preceduta e lo ringrazio.

Vi ricordate quando scrissi della prima edizione dell'opera prima dello scrittore Antonio Pennacchi?

Come accadde con Ammaniti, di cui ho scritto la scorsa settimana, anche questo autore ebbe non poche difficoltà a pubblicare il suo esordio, arrivando a collezionare ben 33 rifiuti.

L'unica casa editrice che volle ospitarlo fu la Donzelli, che pubblicò *Mammut* nel 1994 e lo ristampò qualche anno dopo (1998) con una copertina completamente differente.

In seguito Pennacchi venne scoperto dalla Mondadori che lo lanciò nel firmamento degli autori contemporanei più amati.

Io le ho entrambe ed entrambe non sono comuni e per circa quattro anni furono davvero irreperibili. Ora sono rispuntate alcune copie, ma esauriranno presto. Un importante pezzo di storia della letteratura contemporanea.

Nicola Lagioia[33]

Visto che vi piacciono gli esordi, eccone altri due molto

---

[32] Post del 24/02/2015
[33] Post del 22/09/2015

interessanti citati anche dal blog *Gli Stati generali*, dove si sottolinea l'importanza delle case editrici indipendenti come fonti di scoperte di talenti letterari.

Nicola Lagioia quest'anno ha scalato le classifiche dei *bestsellers* con il Premio Strega Ferocia (Einaudi), che ordinai a luglio via posta ordinaria e ahimé non è mai arrivato...

Ma il suo esordio avvenne nella piccola Minimum Fax con un titolo cervellotico un po' alla Amis: *Tre sistemi per sbarazzarsi di Tolstoj*, libro che ad oggi risulta irreperibile.

Elena Ferrante[34]

Dal momento che ormai ne parlano tutti, mi sono decisa a fare una rassegna delle prime edizioni della misteriosa scrittrice italiana Elena Ferrante.

Perché misteriosa? Per chi non lo sapesse ancora, faccio una piccola sintesi.

Sono ormai 30 anni che la Ferrante scrive libri con un grosso successo di pubblico anche all'estero, tanto che ne hanno tratto una serie televisiva. Ma nessuno sa chi sia veramente, non volendo lei svelare la sua identità in nessun modo.

Di recente, però, *Il Sole 24 Ore* ha pubblicato un lungo risultato d'indagine, che vedrebbe in Anita Raja, traduttrice per le edizioni romane E/O (le stesse che pubblicano i suoi libri) e moglie di Domenico Starnone, la vera Ferrante. Il giornalista del quotidiano è giunto a questa conclusione controllando i guadagni e le spese della coppia, che avrebbe acquistato di recente due appartamenti molto costosi nel centro di Roma e in Toscana.

Insomma, le prove ci sarebbero tutte. Manca solo la

---

[34]   Post del 13/10/2016

confessione!

Tornando ai suoi libri, l'esordio avviene nel 1992 con *L'amore molesto*. Nemmeno a dirlo, in un anno circa il libro s'è fatto introvabile in prima edizione.

Poi per dieci anni sembra non pubblicare nulla, fino al 2002 quando esce *I giorni dell'abbandono* e ne fanno il film con Margherita Buy. Anche questo non è di facile reperibilità, anche perché esistono molte ristampe e per trovarlo bisognerebbe chiedere ai singoli venditori di che edizione si tratti.

Nel 2003 esce *La frantumaglia*, sorta di autobiografia molto trattenuta e, secondo alcuni, fittizia. E nel 2006 *La figlia oscura*. Dopo il racconto per bambini *La spiaggia di notte*, nel 2011 arriva finalmente la famosa trilogia conosciuta in tutto il mondo: *L'amica geniale*. Il terzo libro esce nel 2014.

Marco Lodoli[35]

Sembra che la mia rubrica sugli esordi letterari italiani piaccia molto. Continuo a ricevere segnalazioni e suggerimenti in merito e la cosa mi rende molto felice!

L'ultimo trattava di Marco Lodoli (Roma, 1956), in particolare del suo raro primo libro di poesie edito dalla romana Trevi. Quella Trevi, che pubblicò il raro *L'Eglise* di Louis-Ferdinand Céline, di cui ho scritto anni fa[36].

Il libro si intitola *Un uomo innocuo* e uscì nel 1978, immagino in pochissime copie.

Io non l'ho mai visto in giro, e voi? Non sono riuscita nemmeno a trovare una foto sul web...

---

[35] Post del 21/09/2016
[36] Vedi più avanti

L'autore è poi passato alla Einaudi e alle grandi case editrici italiane, pubblicando una quantità sterminata di romanzi.

Isabella Santacroce[37]

Ha 46 anni, ma sembra davvero una ragazzina per il suo look *dark* molto amato dalle ragazzine. Come lo sono i suoi libri.

Esponente del movimento letterario di giovani esordienti i *Cannibali*, sviluppatosi alla fine degli anni Novanta (di cui leggo essere rappresentativo il volume *Gioventù cannibale* pubblicato da Einaudi), tra i suoi successi annovera *Revolver, Luminal* o *Dark Demonia*, tutti pubblicati da grosse case editrici come Einaudi e Mondadori e tutte ben valutate in prima edizione (fino a 40 euro).

Il suo libro di esordio, *Fluo*, invece, è un volume smilzo dedicato alle abitudini dei giovani, arricchito da fotografie in bianco e nero nel testo. L'editore è lo stesso che pubblicò anche il primo libro di Alessandro Piperno che cerco da anni[38], seppur di tutt'altro genere. E, come potete notare, tutti gli esordi dei principali scrittori contemporanei sono avvenuti in quel torno d'anni.

Al momento *Fluo* risulta davvero irreperibile online, essendo molto ricercato dai collezionisti della Santacroce.

---

[37] Post del 22/07/2016
[38] Vedi sopra

Premio Strega 2016: Albinati[39]

In attesa di sapere il nome del vincitore del Premio Strega di quest'anno, che ha già portato con sé - come ogni anno del resto - qualche polemica (vedi alla voce Moresco), dedicherò tre giorni alle opere prime dei finalisti.

È una pratica che - come saprete - semplicemente adoro- Andare a curiosare nel passato di uno scrittore e scoprirne i segreti è sempre divertente e può essere utile al fine di individuare qualche futura rarità.

Nel caso di Albinati, primo finalista con il maggior numero di voti per ora, ho trovato pane per i miei denti, e vi spiego perché.

Andando a vedere nel catalogo nazionale troviamo ben due opere praticamente coeve a quella che tutti considerano il suo libro di esordio, *Arabeschi della vita morale*. La cosa strana è che non c'è traccia di questi testi nel web, e quindi mi sto chiedendo se sia un errore o meno.

I libri si intitolano *Dario e il vulcano*, edito nientemeno che dalla Mondadori nel 1986 (anche se il bibliotecario ha assegnato un punto interrogativo all'anno) e *Sarabanda*, sempre per Mondadori, sempre 1986 e sempre con punto interrogativo accanto.

Se ne sapete qualcosa sarò felice di approfondire con voi questo mistero!

Tornando ad *Arabeschi della vita morale*, evidentemente più di qualcuno se n'è interessato, e al momento risulta introvabile. Inoltre, non essendo stato ristampato, non è possibile proprio acquistarlo in edizioni successive.

Fortunatamente possiamo rileggere *Il polacco lavatore di vetri*

---

[39] Post del 20/06/2016

nella ristampa Mondadori, poiché la prima Longanesi del 1989 è anch'essa irreperibile.

Premio Strega 2016: Eraldo Affinati[40]

Al secondo appuntamento con le opere prime dei finalisti del Premio Strega 2016 mi accorgo di avere alcune lacune: il nome di Affinati mi dice poco o nulla.

La domanda è se sia una cosa condivisa anche da voi o soltanto una mia grave mancanza! Eppure ha pubblicato molto, soprattutto con Mondadori. Leggo su Google che vive a Roma e assieme alla moglie ha fondato una scuola gratuita di italiano per immigrati.

Esordisce nel 1992 con *Veglia d'armi*, un "*breviario interiore ispirato all'opera del grande scrittore russo*", come riportato sul sito web dello scrittore. Ma nel catalogo nazionale ho trovato alcuni suoi saggi precedenti all'esordio letterario, alcuni incentrati sull'opera di Silvio D'Arzo, un misconosciuto ma meritevole rappresentante del Novecento italiano.

Il primo vero romanzo, di impronta autobiografica, esce un anno dopo e si intitola *Soldati* del 1956. L'editore è minore: il fiorentino Nardi, ma subito dopo la Mondadori si accorge di lui e ripubblica il libro inaugurando una lunga serie di suoi successi.

Inutile dire che entrambe le edizioni sono di difficile reperibilità, soprattutto *Soldati* in edizione originale, che sto cercando anch'io.

Future rarità!

---

[40] Post del 22/06/2016

Premio Strega 2016: Vittorio Sermonti[41]

Per concludere la rosa dei tre finalisti più votati per il Premio Strega 2016 (ma, si badi bene, la situazione potrebbe mutare all'ultimo), trattiamo l'opera di Vittorio Sermonti.

Classe 1929, proveniente da una famiglia molto inserita nel panorama culturale romano, Sermonti è attivo in molteplici campi dell'intelletto, dalla regia al giornalismo, alla critica.

Il libro che presenta, *Se avessero*, è un romanzo autobiografico ambientato nel periodo del fascismo, dove emergono la figura del fratello, del padre e in generale dell'Italia in guerra.

Di impulso mi verrebbe da dire "ancora!?"... ancora fascismo, ancora storia, ancora ricordi polverosi di persone poco capaci di vivere nel nostro tempo e cercare di capire le problematiche dell'attualità.

Nonostante io sia la prima a dire che bisogna conservare la memoria di un paese al fine di non ripetere certi errori mostruosi, sono dell'idea che sia ugualmente importante dare spazio ai giovani in letteratura e affrontare temi attuali.

In primis per avvicinare le ultime generazioni alla letteratura, e poi per permettere ai nuovi scrittori di fornire interpretazioni su quello che ci accade intorno.

Detto questo, non mi permetto di dare giudizi sul libro non avendolo letto. La sua opera prima fu *La bambina Europa*, al momento ben valutata (30 fino a 180 euro) e di non facile reperibilità.

Sebastiano Vassalli[42]

Il suo Supercorallo Einaudi *La chimera*, opera che gli è valsa il

---

41 Post del 24/06/2016
42 Post del 15/07/2015

Premio Strega nel 1990, è uno dei libri più comuni nelle bancarelle di libri usati. Sebastiano Vassalli, genovese di nascita ma novarese d'adozione, è uno degli scrittori contemporanei più amati e conosciuti.

Ma forse non tutti sanno che negli anni Sessanta partecipò al movimento neovanguardista Gruppo 63, incentrando la sua ricerca sull'importanza della storia. Infatti la maggior parte dei suoi romanzi hanno una precisa ambientazione storica.

Ma passiamo alle sue rarità, che credo interessino a molti in quanto poco note.

Tre le sue opere più rare e costose sono la sua opera prima *Lui (egli)* (Rebellato 1965), una raccolta di poesie fortemente neoavanguardiste edita in 300 copie, e *Disfaso* (Trevi, 1969), la sua seconda pubblicazione di poesie anch'esse molto vicine alle ideologie del Gruppo 63.

Entrambi sono librini smilzi, molto essenziali e preziosissimi, valutati intorno ai 200/300 euro.

Mentre se non volete spendere troppo, anche *Sangue e suolo* è un'opera interessante e non comune, che si trova a 30/40 euro.

Miscellanea di curiosità e *instant books*

Questo capitolo in alcuni post ricalca un po' il "metodo Berni" (op.cit): libri o riviste stampati perlopiù negli ultimi 40 anni che hanno suscitato l'interesse dei non "addetti ai lavori", ossia non necessariamente dei collezionisti, ma anche di studiosi o semplici curiosi.

Spesso si tratta di libri sequestrati o divenuti rari in seguito a svariati motivi. La ricerca di un dato libro si è sparsa per il web e presso i librai creando un vero e proprio "caso" intorno ad esso, facendo lievitare di molto le sue valutazioni. Se tutti cercano qualcosa, quel "qualcosa" salirà inevitabilmente di prezzo!

Nella selezione ho aggiunto poi altre curiosità di vario genere appartenenti anche a mondi diversi come il fumetto o la fotografia d'arte.

Sconfinamenti: fotografia d'epoca[43]

Ricordo una delle prime vendite su Ebay ai tempi dell'università per arrotondare la paghetta di papà: era un bellissimo libro di fotografie di fine Ottocento intitolato *Photographic scenery of South Africa*. L'autore era l'americano Sam Alexander, che visitò il continente nel 1880 allo scopo di realizzare questo album.

Ora non mi sovviene la somma che realizzai, ma a me sembrò un'enormità, anche se probabilmente si trattò di poche centinaia di euro (il volume è valutato dai 500 ai 1000 euro). La mia

---

soddisfazione era comunque appagata e avevo avuto l'onore di avere in mano un simile capolavoro.

Le foto di fine secolo, soprattutto quelle non ritrattistiche - che sono le più comuni nei mercatini e presso gli antiquari - mi hanno sempre affascinata e sempre più le ricerco per acquistarle e un giorno farne dei quadretti. Anni fa vi parlai anche della mia passione per la fotografia degli anni Sessanta/Settanta, ma quello è un altro discorso.

Se come me siete appassionati di questo genere, vi consiglio di dare un'occhiata agli oggetti del venditore Ebay *snapchot1*, che viene dalla Slovacchia e simpaticamente allega agli oggetti questo avviso: "*Slovakia is in Central Europe, has coca-cola, blue jeans and a highly functioning Postal Service. Do not be afraid to buy from Slovakia, it is not Uzbekistan*".

Credetemi, rimarrete stupefatti dalla qualità dei prodotti, che probabilmente provengono dalla sua collezione personale e sono stati scrupolosamente selezionati negli anni.

Si tratta prevalentemente di fotografie risalenti all'Ottocento, ma talvolta mette in vendita anche pezzi di storia come fotografie di Frida Kahlo o di artisti acclamati come Von Gloeden.

Insomma, non ve ne pentirete!

Topolino 3000[44]

La fumettistica non è la mia specialità, ma da lettrice accanita di Topolino dagli 8 ai 13 anni circa della mia vita non potevo proprio farmi sfuggire la vicenda di questa settimana.

La notizia fu annunciata con anticipo e in pompa magna: il Topolino 3000 stava per uscire. Un numero speciale,

---

[44] Post del 25/05/2013

collezionabile.

E la reazione, prevedibilissima, fu immediata: *sold out* completo già nel primo giorno.

Il fatto non prevedibile, tuttavia (possibile soltanto nell'odierna era di Internet), è stata la comparsa in massa di innumerevoli copie acquistate e rivendute da collezionisti, edicolanti (?) e furbetti su Ebay a caro prezzo. Addirittura a 70 euro.

Incredula, mi sono precipitata a verificare: aste impazzite - ancora in corso dopo tre giorni - e valutazioni abbastanza stabili, intorno ai 20 euro a copia. Immaginate un po' il giro di affari che potrebbe aver fatto un edicolante accorto e ben fornito!

Stamattina, infine, ho fatto un giro delle edicole per sentire un po' le opinioni dei venditori, i quali mi hanno risposto che molte copie esaurirono già nella mattinata di mercoledì. Molti di loro però, mi hanno pure confessato di aver ricevuto pochissime copie, addirittura una soltanto...

Azioni pilotate? Non lo sapremo mai.

Collezionare libri sugli ULTRAS[45]

I collezionisti più snob storceranno il naso, gli appassionati di letteratura forse lo diserteranno come anche i cultori d'arte.

Ma collezionismo è collezionismo e in questo caso si tratta di quello maniacale, appassionato e sfegatato, che non ha nulla da invidiare a quello di altre rarità bibliografiche.

Mi riferisco ai libri legati al calcio, in particolare agli Ultras (per chi non lo sapesse, sono i tifosi di una data squadra che occupano generalmente la curva dello stadio), una branca a me totalmente sconosciuta fino a poco tempo fa.

---

[45] Post del 25/07/2013

E infatti metto le mani avanti: di calcio ne so poco o nulla, ma l'occasione per parlarne è data dalla conoscenza di Marcello Mariani, milanese appassionato di cimeli Ultras e, a detta sua, possessore della più grande collezione in Italia[46].

Parlando un po' con lui ho scoperto che vi è un vero e proprio mercato di questi libriccini....

e così ho deciso di scriverne, tralasciando la problematica della violenza ideologica e fisica negli stadi che, seppur importantissima e non trascurabile, esula dagli argomenti di questo blog.

Il fenomeno Ultras nasce verso la fine degli anni Sessanta, quando la tifoseria fino ad allora tradizionale muta in qualcosa di diverso e maggiormente organizzato. Ai grandi cambiamenti nel panorama sociale di quegli anni si affiancano anche quelli nell'universo calcistico.

I mutamenti sono in primo luogo di tipo pratico: i tifosi occupano uno spazio specifico, rimangono in piedi durante la partita, incitano la propria squadra lungo l'intera durata e creano coreografie ad hoc per l'evento. In una parola, inventano rituali che prima non si erano mai visti.

È la nascita dei gruppi legati alle principali squadre italiane, come ad esempio quello della Fossa dei Leoni (nato nel 1968 e legato al Milan), dei Boys (1969, legato all'Inter), delle Brigate Gialloblu (nate nel 1971 e legate al Verona) o anche al noto CUCS, Commando UltraS Curva Sud, nato nel '77 per aggregazione di vari gruppetti minori.

La fusione nel CUCS, secondo Alberto Testa e Gary Armstrong, autori del libro *Football, Fascism and Fandom: The UltraS of Italian Football*[47] fu necessaria a rinforzare la tifoseria della Roma in termini di unione e a farla diventare tra

---

[46] Sulla sua pagina Facebook My Ultras Library potete consultare l'intera collezione e trovare molti consigli utili sul reperimento dei libri

[47] A&C Black, 2010, p.44

le più importanti in Italia.

Il libro qui citato, che ad oggi risulta irreperibile se non a cifre folli, è una preziosa testimonianza del forte interesse che il fenomeno Ultras ha riscontrato presso i paesi stranieri. Il fatto che più mi ha colpita durante la conduzione di queste ricerche è stata proprio la presenza di numerosi testi in inglese legati agli Ultras in Italia.

Tornando ai fatti storici, dagli anni '70 agli '80 si ha infine un aumento esponenziale delle tifoserie nel paese *"fino a costituirne una nuova compagine sociale"*, come afferma Andrea Ferreri in uno dei tanti libri italiani dedicati a questo fenomeno[48] e verso la fine degli anni Ottanta si assiste alla sua epoca d'oro.

Ma veniamo all'argomento più interessante: i libri legati agli Ultras.

Per affrontarlo occorre soprattutto porre alcune premesse che in qualche modo ne spieghino il fenomeno: in primo luogo si tratta di libri di argomento estremamente specifico e particolareggiato, quindi non rientrano negli interessi di pubblicazione delle grosse case editrici di tipo popolare, come la Mondadori o la Rizzoli.

I luoghi deputati alla stampa di questi testi sono perciò le piccole case editrici o i privati, che commissionano un certo numero di copie ai tipografi.

Il numero di esemplari è quindi quasi sempre molto ridotto e porta conseguentemente alla loro rarità già prima di arrivare al cliente.

Lo stesso vale per i centri di diffusione, che sono principalmente i circoli o società calcistiche e le librerie specializzate, come quella del romano Valerio Marchi, scomparso nel 2006.

---

[48] *Ultras: i ribelli del calcio: quarant'anni di antagonismo e passione*, Bepress, Lecce 2008, p.15

Marchi era proprietario di una libreria dedicata ai testi della cosiddetta "controcultura" o "sottocultura", divenuta uno dei punti di ritrovo degli amanti del genere. Nel 1994 pubblicò un libro sugli Ultras, presente sempre nella collezione di Marcello: *Ultrà: le sottoculture giovanili negli stadi d'Europa*[49]. Il libro è ormai già raro nonostante la ristampa del 1996.

Infine la terza particolarità del collezionismo Ultras è quella dell'assenza, nella maggior parte dei casi, di un vero e proprio autore, essendo stati scritti da gruppi di più persone.

I libri che meglio esemplificano questa coincidenza di fattori sono ad esempio un testo stampato dal gruppo genovese La Fossa dei Grifoni[50], gruppo che si rifà alla Fossa dei Leoni rossonera.

Gli Ultras del Genoa, generalmente sistemati nella Gradinata Nord, fecero il loro ingresso nel calcio per la prima volta il 7 ottobre 1973, con uno striscione esibito durante un Inter-Genoa.

Nel 1992 proclamarono l'autoscioglimento.

Il gruppo è noto anche per il suo gemellaggio con i milanisti, che però terminerà bruscamente nell'83 in seguito ad un forte dissidio.

Uno degli episodi più ricordati nel mondo calcistico riguarda proprio queste due tifoserie; il 29 gennaio del 1995 un genovese venne accoltellato e ucciso da un milanista nel prepartita che li avrebbe visti avversari.

La domenica successiva fu nota come "la domenica del silenzio", in segno di protesta contro la violenza negli stadi, con un grande raduno degli Ultras a livello nazionale come presa di posizione collettiva contro questa malatifoseria.

Questa identità collettiva che contrassegna gli Ultras italiani si

---

[49] Koinè, Roma 1994

[50] Fossa dei Grifoni, *Il vento della Nord*, Mengotti, Genova 1984 (coll. Marcello Mariani)

rispecchia anche nel collezionismo librario; come mi ha spiegato Marcello, un collezionista solitamente non predilige il gruppo a cui appartiene, ma raccoglie tutte le testimonianze del fenomeno, nel suo caso anche straniere.

Il libro riguardante il Genoa risulta molto raro e molto ricercato: Marcello confessa di aver atteso 18 anni per averlo e di recente è apparsa una copia con valutazioni superiori ai 300 euro!

Il secondo testo in qualche modo esemplificativo non è meno raro ed è stato pubblicato nel decennale della nascita del sopracitato CUCS romanista con il titolo *CUCS, Commando Ultrà Curva Sud*. Questo gruppo è apparso per la prima volta durante la partita Roma-Sampdoria con l'esibizione di uno striscione lungo 42 metri, il più lungo mai apparso in Italia fino ad allora.

In seguito, lungo gli anni Ottanta, divenne una delle tifoserie più importanti e accanite d'Italia.

In conclusione aggiungo l'ennesima chicca Ultras, questa volta legata al Milan: *Nella Fossa dei Leoni*,[51] attualmente in vendita su Ebay a più di 600 euro... anche se cercando con più affanno è possibile trovarlo a meno, non essendo rarissimo.

Pubblicità d'epoca e dintorni[52]

Passerei le ore a leggere vecchi articoli dalle riviste d'epoca come *La Lettura* o *Il Secolo XX*, anche e soprattutto per ammirare qua e là le illustrazioni per gli inserti pubblicitari o

---

[51] Mauro Ambrosio et al. [a cura di], *Nella Fossa dei Leoni. La storia della Fossa dal '68 ai giorni nostri*, Grafiche La Centrale, Milano 2002 (coll. Marcello Mariani)

[52] Post del 13/12/2016

per le copertine ad opera di personaggi - oggi famosissimi - come Dudovich o Boccasile.

Di recente mi è capitato un articolo molto interessante di Icilio Bianchi (noto scrittore anche di romanzi) per *La Lettura*, credo risalente agli anni Quaranta.

Si intitolava "Pubblicità fine di secolo" e faceva una veloce rassegna delle curiosità riguardanti il mondo pubblicitario nelle riviste di fine Ottocento.

Tra truffe che ricordano quelle di oggi su Internet ed espedienti per vendere i più svariati e strani prodotti, scopriamo che fino al principio del secolo le pubblicità riguardanti i libri erano rare. Tra le prime, una del libro *Il mio cadavere di Mastriani*, considerato il primo giallo ad apparire in Italia e oggi piuttosto ricercato.

L'articolista definisce la pubblicità "orripilante", e subito ci ricordiamo quanto il giallo fosse cosa sconosciuta a quei tempi. Gli ci vorranno alcuni decenni prima di essere apprezzato dal pubblico.

Io ovviamente sono andata a cercare la copertina del libro (tratta dal noto *Un secolo in giallo* di Maurizio Pistelli, Donzelli editore), dall'inquietante illustrazione in bianco e nero di un cadavere seduto in poltrona; non so dirvi quanto sia valutata, bisognerebbe seguire qualche asta.

E c'è un "giallo" riguardante la sua data di uscita: nel libro di Pistelli viene indicato il 1853, anche se la copertina qui sotto è del 1888, editore Perino (ma potrebbe essere la prima illustrata).

Mentre nel Catalogo Nazionale c'è un'edizione del 1852 edita contemporaneamente da Omnibus e dallo Stabilimento Tipografico del Tramater (entrambi di Napoli).

Gaffes editoriali[53]

Come ben sapranno i miei lettori, molti avvenimenti storici sono stati accompagnati da qualche scandalo editoriale. Talvolta si tratta anche di editori importanti come quello del *Newsweek*, che credo verrà ricordato dai posteri per questa gaffe.

L'avrete sentita alla radio: la mattina dell'8 novembre negli Stati Uniti uscì il loro numero che raffigurava Hillary Clinton anziché Donald Trump come vincitore delle elezioni presidenziali. Sembra che si tratti di 125 mila copie ritirate, di cui però numerose ancora circolanti in Ebay e contese a cifre folli (fino a 500 dollari).

Come è potuto succedere? Sinceramente non so dirvelo, ho provato a cercare qualche informazione su Internet ma ho trovato solo la dichiarazione dell'editore, che sostiene di esser riuscito a fermare tutte le copie. Cosa ovviamente non vera, visto il numero circolante nel web...

Di Trump, infine, abbiamo anche una rarità in ambito italiana. Si tratta del libro primo libro del presidente, intitolato *Trump. L'arte di fare affari,* edito da Sperling & Kupfer nel 1989 e scritto assieme al suo *ghostwriter* Tony Schwartz.

L'ho scoperto leggendo l'ennesimo articolo su Trump e, incuriosita dal titolo, sono andata su Ebay per acquistarlo. Non trovandolo, sono andata su Amazon. Ma ancora nulla!

Così ho realizzato che era di difficile reperibilità su tutti i canali, non so dirvi se prima o dopo l'elezione di Trump.

---

[53] Post del 15/11/2016

Un editore di estrema destra in Friuli[54]

L'argomento di oggi è scabroso. A volte tocca anche parlare di temi "scomodi" o poco politicamente corretti, anche se è difficile non commentarli e io cercherò di non farlo, riportando le informazioni come stanno.

Negli anni Settanta c'è stato un editore monfalconese (una cittadina vicino alla mia Trieste) dedito alla pubblicazione di opere legate alle imprese fasciste e naziste, in termini dichiaratamente celebrativi e neonazisti.

Di questo editore - Sentinella d'Italia - sono riuscita a scoprire davvero poco. So che prende il nome dall'omonima rivista mensile e che il direttore era Antonio Guerin, accanito fascista, combattente nella RSI e amico di Léon Degrelle, il fondatore del rexismo e del contingente vallone delle note Waffen-SS.

La gran parte delle pubblicazioni è di difficile reperibilità online, in parte perché Ebay ne vieta la messa in vendita e in parte perché sono state stampate poche copie.

Tra i più ricercati anche per oggetto di studio, *Hitler per mille anni* di Degrelle. Ma risulta raro anche *L'ultima raffica*, il racconto autobiografico di Guerin relativo alla sua esperienza in guerra.

Di tema negazionista, invece, *Il rapporto Gerstein. Anatomia di un falso* di Carlo Mattogno (1985).

Le copertine si presentano sempre piuttosto uguali, con sfondo grigio e scritte in rosso. Come ad evidenziare il contenuto "proibito" del libro.

---

[54]   Post del 19/5/2016

Ricordando Umberto Eco[55]

Come potevo non scrivere di Umberto Eco dopo la triste notizia?[56]

Ovviamente l'avevo già fatto più volte in passato, affrontando ad esempio la sua opera più nota e importante *Il nome della rosa*, ma anche quella più illuminante *Opera aperta*, il testo teorico della neoavanguardia in poesia e nell'arte.

Devo dire che di Eco mi piacevano soprattutto i saggi sulla bibliofilia, sempre colmi di informazioni e curiosità e scritti in maniera leggera e mai convenzionale. Non dimentichiamo che tra le varie cose lui era anche collezionista di libri antichi e prediligeva quelli incentrati sul tema del falso.

Curiosando nel web troverete molti servizi e video dedicati al suo essere collezionista, proprietario di un tesoro immenso.

Ma passiamo all'argomento *clou*: dopo la sua morte i prezzi de *Il nome della rosa* in prima edizione sono schizzati. Proprio qualche settimana fa mi stupivo dell'improvviso calo di interesse - e dei relativi prezzi - di questo capolavoro. Due / tre anni si vendeva abbastanza bene, a 50-70 euro, mentre nell'ultimo anno questa edizione si trovava anche a 20-25 con grande facilità.

Ora potete nuovamente dimenticare quei prezzi: non lo troverete a meno di 70 euro e in asta arriva anche a 150.

Ne sarà contento Eco, che dall'alto sorriderà del fenomeno.

Ma le sue rarità sono altre; come ad esempio *Filosofi in libertà*, una collezione di *cartoons* e poemi raffiguranti le caricature dei filosofi antichi, edito sotto pseudonimo in 300 copie. La copia di cui sopra, firmata dall'autore, è prezzata a più di 500 euro.

Ma pure la sua primissima opera: la tesi di laurea *Il problema estetico in San Tommaso*, edita nel 1956 dalle edizioni Di

---

[55] Post del 23/02/2016
[56] All'epoca era appena scomparso

Filosofia.

A questo proposito vi segnalo un articolo su *Il Corriere della Sera* che riguarda proprio questa rara edizione. Sembra che la libreria Amarcord abbia messo in vendita la tesi su Ebay a 100 mila euro, sottolineando che si tratta della terza copia conosciuta, dopo le due conservate nelle biblioteche nazionali!

Il giornalista non commenta l'evento, ma io sono sicura che avrà una risonanza enorme nel nostro mondo...

Gorilla nella nebbia di Dian Fossey[57]

Finiamo in bellezza la settimana con uno "sconfinamento" molto interessante, che esalterà soprattutto i cacciatori di rarità inusuali.

Non ricordo chi me lo segnalò, ma ho notato che fin dal 2006 si trova con grande difficoltà ed è molto ricercato, con conseguente lievitazione dei prezzi.

Si tratta di un libro appassionante sul comportamento dei gorilla, ma con un briciolo di mistero sulle sorti dell'autrice.

Leggo il commento di una lettrice su Ibs.it:

"Dian Fossey era una studiosa americana che aveva iniziato il primo studio sistematico dei gorilla in natura. La sua carriera è stata brutalmente interrotta: nel dicembre 1985, in circostanze ancora non chiare, la Fossey è stata uccisa.

Molti ritengono che questo assassinio sia da mettere in relazione con la sua instancabile attività in difesa dei gorilla che mal ci accordava con la ferocia dei bracconieri, con le esigenze degli allevatori e con la corruzione di una parte degli ufficiali governativi. Giovane, avventurosa, determinata, nel 1966 la Fossey fondò un centro di ricerca in una zona impervia

---

[57] Post del 3/04/2016

al confine fra Ruanda e Zaire. Si deve proprio alla Fossey se si è arrivati a conoscere il comportamento dei gorilla di montagna, la sottospecie di gorilla più rara ('Gorilla gorilla beringei') (...)"

La storia sembra molto interessante, se ne sapete di più mi piacerebbe approfondirla.

Dal libro è poi stato tratto un film con Sigourney Weaver, che appare in copertina dell'edizione Einaudi. Peccato che il DVD italiano (indovinate un po'?!) risulti anch'esso raro e ricercato.

C'è chi lo propone addirittura a 160 euro.

L'antiquario di Giorgio Batini[58]

Ci sono libri interessanti e di piacevolissima lettura che, inspiegabilmente, sono letteralmente dimenticati da tutti e nessuno li cerca.

In questi giorni sto leggendo un pregevole racconto interamente dedicato al mondo degli antiquari (librai ma anche esperti di porcellane, mobili antichi, cineserie e molto altro) scritto da Giorgio Batini, giornalista e scrittore ormai dimenticato dalla maggior parte delle persone.

Il fatto che l'abbia pagato un euro mi ha spinta ad acquistarlo, nonostante la copertina non mi fosse sembrata affatto invitante e nonostante non avessi grandi aspettative sul contenuto.

Invece mi sono dovuta ricredere.

Fin dalle prime pagine sono stata colpita da alcune frasi e idee sul "nostro mondo", che sono assolutamente vere. Riporto una frase molto bella:

"L'antiquario è un mercante, ma anche uno studioso, un amatore, spesso un collezionista, un personaggio che vive, in

---

[58] Post del 28/1/2015

equilibrio instabile, tra il commercio e l'arte. Può darsi che io non riesca a capire subito chi sia l'autore di un quadro, che non riesca a datare un bronzo, che resti in dubbio se attribuire un boccale antico a Cafaggiolo o a Faenza. Ma riconosco a colpo d'occhio l'opera d'arte, il capolavoro, l'oggetto che ha un suo carattere. Indubbiamente se l'oggetto è bello dal punto di vista artistico, mi trasmette qualcosa: è come se sentissi suonare dentro di me una campana. Mi prende allora un febbre, una smania (...)"[59]

La parte più interessante del libro riguarda gli aneddoti di personaggi reali e molto conosciuti nel mondo dell'antiquariato che si sono "confessati" a Batini e hanno spiegato i loro punti vista o raccontato alcune esperienze vissute sul campo.

Curioso notare come già negli anni Sessanta si lamentavano del fatto che le vere *trouvailles* stessero diventando sempre più rare, soprattutto in ambito librario.

Racconta Batini "(...) *mezzo secolo fa in Italia si potevano ancora comprare blocchi di libri e trovarci di che ammortizzare - con un pezzo solo - il capitale impiegato: poteva capitare una Bibbia di Gutenberg, un erbario antico (...)"*[60]

Lo stesso lamentava Alberto Vigevani nel noto *La febbre dei libri*[61] trent'anni dopo.

Oggi una 42 linee (così viene chiamata la leggendaria Bibbia di Gutenberg) ti salva per sempre dai problemi economici...

Ma nel frattempo i tempi sono cambiati, specialmente con l'ingresso del modernariato nei cataloghi dei librai che ha ampliato l'offerta.

Per concludere vi segnalo ancora un libro sull'argomento,

---

[59] Giorgio Batini, op.cit., p.6
[60] Giorgio Batini, op.cit., p.30
[61] Edito da Sellerio

spesso citato da Batini: *Le memorie di un antiquario* di Augusto Jandolo. A differenza de *L'antiquario*, quest'ultimo è di difficile reperibilità e abbastanza ricercato.

Il caso *Charlie Hebdo*[62]

Vorrei che le mie giornate avessero 48 ore o più e vorrei avere mille occhi e orecchie per captare tutto il captabile per quanto riguarda il mondo editoriale e trasferirlo sul blog.

Ultima "svista", quella relativa alla testata *Charlie Hebdo*, caso fortunatamente segnalatomi dal cacciatore di libri Simone Berni (ndr).

A quanto pare, il numero della rivista che uscì il fatidico giorno dell'attentato alla sede del giornale *Charlie Hebdo* a Parigi, che aveva come vignetta le "predizioni" dello scrittore Michel Houellebecq, sta vendendo su Ebay a cifre iperboliche. Addirittura 59 mila euro.

Il ricavato di alcuni esemplari in vendita verrà devoluto in beneficenza ai familiari delle vittime e ad altri enti.

Lo stesso, soltanto in piccolo, sta succedendo in Italia con il supplemento a *Il Fatto Quotidiano,* raffigurante Maometto che tiene un cartello in mano con scritto "Je suis Charlie". Le copie vendute su Ebay vanno dai 30 ai 100 euro.

Sulla scia dell'attentato avvenuto presso la sede del giornale, anche i libri di Oriana Fallaci hanno subito una lieve scossa di prezzi e alcuni suoi titoli sono andati a ruba (ad esempio *La rabbia e l'orgoglio*, edito da Rizzoli).

Per i pochi che non la conoscessero ancora, la Fallaci fu una giornalista e scrittrice fortemente votata alla causa anti-islamica. Nei suoi numerosi libri sostenne più volte che il

---

[62] Post del 12/1/2015

pericolo di una invasione dell'Islam in Occidente si farà con i decenni sempre più reale, diventando un problema che prima o poi l'Europa dovrà risolvere.

L'attentato di mercoledì, quindi, in un certo senso le dà ragione e le sue questioni stanno diventando di grande interesse.

Io qui vi segnalo soltanto un testo valutato dai 30 ai 90 euro.

Una raccolta di interviste pubblicate di volta in volta su L'Europeo per cui la Fallaci era un'inviata speciale, a caccia di colloqui con persone anticonvenzionali. Solo per citare un esempio: Jeanne Moreau, Salvatore Quasimodo, Federico Fellini e molti altri.

Un suo libro che invece consiglio di leggere è *Viaggio in America*, edito l'anno scorso sempre da Rizzoli. È una raccolta di articoli apparsi quando abitava a New York, verso la metà degli anni Sessanta, città che viene qui raccontata nel suo lato "quotidiano", con pregi e difetti.

Vogliamo tutto: un catalogo sugli anni di piombo[63]

Non so dirvi se sia preoccupante il fatto che questo genere di cose mi commuovano. Ma di fatto è così.

Andatevi a scaricare (o, ancora meglio, acquistare) uno degli ultimi cataloghi dello Studio Bibliografico L'Arengario e vi assicuro che succederà anche a voi.

Il titolo *Vogliamo Tutto* (Arte e poesia negli anni di piombo (1967-1982) è ripreso dallo slogan che utilizzarono gli operai della Fiat durante gli scioperi "a gatto selvaggio" del 1969. Ma è anche un libro di Nanni Balestrini, poeta visivo molto noto in ambiente di neoavanguardia.

Il tema del catalogo è proprio questo torno d'anni, delimitato da

---

[63] Post del 28/11/2014

due eventi che simbolicamente lo aprono e poi lo richiudono: l'invasione dell'8 agosto 1967 a Fiumalbo, in provincia di Firenze, quando un centinaio di artisti d'avanguardia provenienti dall'Italia e dall'Europa animarono il piccolo paese di *performance* artistiche, teatrali, musicali, e i muri furono tappezzati di poesie e manifesti suscitando grande scandalo.

E il periodo che va dal 19 marzo al 14 giugno del 1982, quando avvenne un'altra invasione, quella che contrappose Argentina e Regno Unito nella guerra delle Isole Falkland, a cui si riferisce «Ready for War», un volantino in cui si raccomanda, davanti alla nuova era del conflitto globale, di "non attendersi nulla e non legarsi a nessuna prospettiva", perché il destino dell'umanità è segnato e non ci sarà futuro (cito dall'introduzione al catalogo).

Tutto ciò che sta in mezzo è storia: crisi economica seguita al *boom* dei primi anni Sessanta, il '68 e il '77, l'emancipazione della donna, le radio libere, la musica pop & rock, l'eroina e molto, moltissimo altro.

Personalmente rimango basita di fronte a questo genere di ricerche, meticolosissime ed entusiasmanti, dove anche il singolo frammento viene recuperato e valorizzato.

Un aspetto che poi amo è la fusione in catalogo di libri, *ephemera* e fotografie, che permettono al collezionista di approfondire l'argomento e aiutano la mente a rivivere letteralmente un preciso momento storico.

Molte sono le rarità che troverete all'interno, molte di esse in edizione privata, una modalità molto utilizzata a quel tempo, vuoi per ragioni di ristrettezze economiche in cui versavano gli artisti, vuoi anche per motivi di censura.

L'inferiorità mentale della donna[64]

Ogni tanto mi piace provocare, farvi riflettere su un punto del collezionismo librario spesso premuto anche da Simone Berni, il nostro citatissimo cacciatore di libri[65]: il fatto che le rarità non sempre corrispondano a testi in prima edizione o strettamente legati ad un esordio letterario o alla letteratura in genere.

Spesso si tratta di libri "proibiti", scomodi o scandalosi.

Come ad esempio un testo di Moebius intitolato *L'inferiorità mentale della donna*, appena battuto su Ebay a 30 euro, è una riprova. La prima edizione, per la verità, risale al 1904 per i Fratelli Bocca ed è valutata intorno ai 100.

Ma poi ebbe varie riedizioni negli anni '20, '40 dallo stesso editore e infine negli anni '70 venne riproposto addirittura da Einaudi.

Sorprendentemente tutte queste edizioni sono scarsamente reperibili (proviamo ad indovinarne il perché!).

Cito a mia volta da un sito web un passo del libro:

"La donna è fisiologicamente deficiente, è una semplice constatazione scientifica risultante da analisi e ricerche rigorose...

La donna resti nei limiti della natura che la vuole sottomessa, schiava e subordinata...

La donna, di fronte ad obiettivi professionali, è portata, più per natura che per condizionamenti sociali, a non investire tutte le energie nella carriera...

Pochissimi sono i casi di eccellenza della Donna nelle Arti figurative, nella Filosofia e nel campo della scoperta in generale. Meglio si trova nel campo della parola, del ricordo e delle emozioni vissute o ipotizzate...

---

[64] Post del 25/9/2014
[65] Di cui spesso ho parlato nel mio blog

Per sua Natura tende all'organizzare, a cesellare, riordinare e calcolare facendo da ottimo contraltare all'Uomo che generalmente osa di più con maggior sfrontatezza e irresponsabilità..."

Che dire? Ormai possiamo solo che farci una risata...

Prime edizioni dai mitici anni Ottanta[66]

Sono un'appassionata delle ricognizioni storiche. Adoro tracciare affinità legate a un'epoca o a movimenti letterari, segnare collegamenti tra libri, film, eventi storici che hanno caratterizzato un certo torno d'anni.

Così, dopo aver analizzato a fondo gli anni Sessanta e in parte gli anni Settanta, al momento sto studiando gli Ottanta, di cui non conservo alcun ricordo essendo nata verso la fine di quel decennio.

Ad invogliarmi è stato *in primis* il libro del noto blogger Dr. Manhattan (di cui scrissi tempo fa), che nel suo *Per il potere di Grayskull* descrive gli oggetti che hanno segnato quegli anni, in una narrazione leggermente velata di malinconia.

Ma non si può non menzionare anche il nuovo libro di Giovanni Floris, *Il confine di Bonetti,* sempre dedicato ai giovani degli anni Ottanta, e *Una casa romana racconta* di Giampiero Mughini, seppur non incentrato esclusivamente su questo tema (lo sto ancora metabolizzando, tanto è denso di informazioni, curiosità, meraviglie).

Un grande aiuto nel comprendere quest'epoca mi è stato dato da Matteo Gervasoni con lo studio *Storia d'Italia degli anni ottanta*[67] e, dal punto di vista letterario, da *Prima il pane* di

---

[66] Post del 12/5/2014
[67] Marsilio 2010

70

Goffredo Fofi[68], una raccolta di suoi articoli apparsi su varie testate.

Ne è emerso un secolo caratterizzato soprattutto dall'individualismo e dal "pensiero debole", termine coniato dall'interprete degli aspetti sociologici del tempo Gianni Vattimo.

Il benessere, gli agi sempre più diffusi anche nei ceti meno abbienti e la generale soddisfazione hanno fatto sì che le persone si preoccupassero soprattutto di procurarsi piacere, senza complicarsi la vita con "inutili" introspezioni psicologiche o concetti intellettuali e senza caricare l'animo di ideologie. In arte questo si esplicò con il gruppo creato *ad hoc* dal critico Achille Bonito Oliva noto come *Transavanguardia*: zero ideologie, zero etica di fondo. Solo pura arte per arte.

Un altro aspetto molto importante fu l'uniformarsi delle classi sociali e la diminuzione del divario tra alto e basso, in una società in cui la gente attinge liberamente da mode e modi rispettivamente dell'uno e dell'altro rappresentante sociale.

Il vero manifesto di questo "pensiero debole", secondo Gervasoni, fu *La fine della modernità* di Gianni Vattimo. E il vero banco di prova di questo stato d'animo il clamoroso successo editoriale de *Il nome della rosa* di Umberto Eco, che mescolava alto e basso senza remore, accontentando un po' tutti i differenti tipi di pubblico.

Dal versante filmografico, invece, a rappresentare maggiormente il decennio secondo Fofi fu *La voce della luna* di Fellini, dove viene rappresentata una società "*trionfante e festaiola, urlona, sporca, cicciona, internazional-dialettale, contenta nevroticamente di sé e del proprio, forse irrimediabile, disastro.*"[69]

Parole che fanno impressione, visti gli sviluppi dell'ultimo

---

[68] Edizioni E/O 1990
[69] *Prima il pane*, op cit, p.153

decennio in Italia. A quanto pare si gettavano già le basi della catastrofe scoppiata in questi anni...

Per concludere, entrambi gli autori sono d'accordo all'unanimità sull'importanza delle opere di Gianni Celati, tra cui spicca *Narratori delle pianure* (anche se ad oggi il più raro e ricercato dell'autore risulta *Comiche*), di Aldo Busi e di Andrea De Carlo. Anche se si lamenta un numero troppo basso di esordi di qualità in letteratura.

Un giorno, forse, questi testi rappresentativi del decennio saranno ricercati e ben valutati.

L'enigma di Benedetto XVI: Urania da collezione[70]

Come spesso ho accennato, il collezionismo librario, come altre tipologie di collezionismo, è soggetto a mode e tendenze che vanno a condizionare le valutazioni e l'interesse nei confronti di un certo libro.

Ed ecco che un testo in precedenza stimato sui 15-20 euro (Herbie Brennan et al., *Il dilemma di Benedetto XVI*, Urania n.745, 1978), improvvisamente compie un balzo di prezzo in seguito a qualche evento. Se state pensando alla canonizzazione dei due papi Giovani XXII e Giovanni Paolo II vi sbagliate, anche se credo abbiano contribuito in qualche modo a creare interesse verso l'argomento.

La vera causa è un articolo apparso su *La Repubblica* il 24 aprile scorso, in cui Gino Castaldo individuava delle coincidenze davvero inquietanti e profetiche in questo testo Urania.

La più impressionante è il contenuto del racconto, incentrato sulla storia di un papa prossimo a presentare le dimissioni in

---

seguito a una profonda crisi psicologica e religiosa. Cosa che, come sappiamo, accadrà realmente a papa Ratzinger. Ma stupisce anche la somiglianza di questi con il papa rappresentato in copertina.

Coincidenza o previsione, si chiede l'autore dell'articolo? Ricordandoci tra l'altro che all'autore, Herbie Brennan, non fu estraneo all'operato di Nostradamus e affini e scrisse molto in merito.

Tutto ciò si è poi concluso secondo la prassi: tutte le copie rimaste del numero Urania sono esaurite (il libraio che mi ha segnalato questa notizia ha avuto 15 richieste in un giorno) e alcuni di quelli che ce l'hanno in casa lo stanno vendendo all'asta con esiti superiori agli 80 euro, cavalcando l'onda di interesse inevitabilmente destinato a scemare.

A proposito di quotazioni Urania, infine, vi riporto una frase che lessi molto tempo fa sul sito dedicato a "la borsa di Urania", dove si elenca vari fattori che condizionano la valutazione degli esemplari. Il quinto punto da loro stilato è quello "psicologico", e riguarda nuovamente il nostro caso: *"Quest'ultimo è dovuto a un meccanismo che in determinati periodi, e solo durante questi, si aziona e fa diventare un volume più ricercato di altri. Un esempio in tal senso si è verificato proprio nelle ultime settimane in un'asta su internet il n° 745 di Urania, la ormai famosa antologia intitolata "Il dilemma di Benedetto XVI", è stata venduta a più di 12 €uro, quando due mesi fa non avrebbe alzato più di 2 €uro."*[71]

Scopriamo così che questo libro era già stato protagonista di stranezze!

---

[71] Testo al link http://www.fantascienza.net/uraniandco/0borsahome.html

Il raro diario della Marchesa Casati[72]

Un insolito "ricercato" è stato battuto su Ebay nei giorni di Natale per ben due volte e sempre con valutazioni superiori ai 50 euro. Si tratta del diario della marchesa Anna Casati Fallarino, protagonista di un noto delitto dell'alta società italiana. Il diario uscì come supplemento de *Il Corriere d'Italia* nel 1970.

La marchesa romana dei Parioli, come si sa, aveva contratto un matrimonio dalle abitudini altamente scabrose. La donna infatti spesso e volentieri veniva costretta ad accoppiarsi, sotto gli occhi compiaciuti del marito, con giovani seducenti scelti e pagati dal consorte in persona.

La loro storia d'amore però venne interrotta bruscamente a causa dell'infatuazione della marchesa per uno dei tanti giovani che frequentavano la loro villa. La cosa finì in maniera tragica: il 30 agosto 1970 suo marito sorprese e uccise i due amanti nella sua villa e, al termine del delitto, si tolse la vita.

L'interesse nei confronti di questo diario è palese: all'interno sono riportati tutti i dettagli della loro relazione distorta e tutti i malesseri che la marchesa a un certo punto iniziò ad accusare.

È il classico *instant book* spesso individuato da Simone Berni, il noto "cacciatore di libri", come garanzia di futura rarità, essendo un testo solitamente pubblicato a ridosso di casi di cronaca scomodi e che di sovente rivela numerosi dettagli dello stesso, provocando una conseguente e inevitabile censura da parte dei diretti interessati o parenti di questi.

Il tutto è arricchito da numerose e inedite immagini, alcune tratte dall'archivio del marito che usava fotografarla durante le loro avventure sessuali, e da scritti di Medi Mandour e Riccardo Minuti.

L'importanza del libro è stata infine sancita dalla sua presenza

---

[72] Post del 9/1/2014

in numerosi cataloghi antiquari, tra cui il bel catalogo del 2006 dello Studio bibliografico L'Arengario di Gussago (Brescia) dedicato ai libri erotici e pornografici, che lo offriva a 90 euro.

La moda del futurismo[73]

Chi mi segue da un po' avrà certamente notato che finora non ho mai scritto nulla sul futurismo, nonostante la grande mania per questo straordinario movimento che ha invaso il mercato negli ultimi anni, rivalutandolo e rivedendolo storicamente.
Sul collezionismo di cimeli e libri futuristi negli ultimi anni si sono versati fiumi di inchiostro. Edizioni di ricordi di collezionisti, mostre dedicate ai libri futuristi e testi critici di vario genere. Tutto ciò è stato il risultato di una passione che ha raggiunto anche la "massa", le persone meno esperte, partendo - come spesso accade - dagli Stati Uniti, un paese che spesso ci batte in lungimiranza.
Solo per citare alcuni esempi, le rarità più richieste sono, ad esempio, il libro imbullonato di Fortunato Depero, costituito da una copertina in cartoncino e fogli di carta legati mediante due grossi bulloni con dadi e copiglie, o i libri di Filippo Tommaso Marinetti, come *La cucina futurista*, realizzata in collaborazione con Fillìa, o il raro e ricercatissimo *Parole in libertà futuriste olfattive tattili-termiche*.
Il futurismo, per i suoi risaputi legami con il fascismo, è un movimento che nel secondo Dopoguerra è stato molto scomodo e per questo motivo largamente ignorato. Intorno al principio degli anni Sessanta è stata avviata una operazione di recupero dei suoi apporti positivi, che furono adattati alle necessità dell'arte e della letteratura della neoavanguardia. La sua

---

[73] Post del 21/1/2013

fortuna, da quella data, non è mai cessata.

In proposito amo citare un testo di cui ho discusso in un post, *La collezione* di Giampiero Mughini, che per quanto riguarda il collezionismo librario del Novecento risulta imprescindibile.

Ad un certo punto, parlando della questione del rigetto del futurismo negli anni Cinquanta, Mughini affronta l'esempio di Benedetta Marinetti, vedova di Filippo Tommaso. La Marinetti all'inizio degli anni Cinquanta si trovava letteralmente alla fame e conservava nella sua casa di campagna, dalle parti di Tivoli, un grosso numero di capolavori del futurismo, da quadri a libri, sculture, manifesti e molto altro.

Ma, come sottolinea Mughini, negli anni dell'immediato Dopoguerra l'interesse nei confronti di quei cimeli era pressoché nullo.

All'alba degli anni Cinquanta, finalmente, il Museo internazionale d'arte moderna di New York le chiede di vendere la sua collezione e lei, a sua volta, chiede il permesso allo Stato italiano, che le darà il consenso, non ritenendo il futurismo un movimento importante[74].

Al di là della questione dello scacco subìto dagli Stati Uniti, caso peraltro non isolato e pagato ancora oggi dall'Italia a caro prezzo, è interessante notare come un movimento riesca a guadagnarsi un posto in prima fila per una serie di contingenze e rivalutazioni.

Dopotutto, è un po' la speranza che anima i librai antiquari che si occupano di cataloghi degli anni Sessanta, a detta loro ancora sottovalutati.

Per concludere, la moda del futurismo ha curiosamente investito anche i cosiddetti "minori": personaggi che hanno preso parte al movimento con interventi sporadici o addirittura isolati, come il triestino Carolus Cergoly, che nel 1928 ha

---

[74] In G. Mughini, *La collezione. Un bibliofolle racconta i più bei libri italiani del Novecento*, Einaudi, Torino 2009, pp.3-53)

realizzato il libro futurista *Maagaala* utilizzando lo pseudonimo Sempresù. Oggi questo testo è ricercatissimo e raggiunge quotazioni da capogiro. Di recente è stato anche ristampato in anastatica dalla casa editrice triestina Arbor Librorum, ottenendo un grande successo.

Le perizie di William Gaddis: un esempio di modernariato[75]

Qualche settimana fa ho seguito l'asta su un po' della seconda edizione de *Le perizie* (titolo originale *The Recognitions*, 1955) di William Gaddis, edita da Mondadori nella collana Oscar nel 2000. Il libro, in entrambe le edizioni, al momento è difficilmente reperibile e infatti non ho potuto credere ai miei occhi alla visione del prezzo di aggiudicazione: circa 110 euro battuti a suon di offerte!

La vicenda mi ha riportata così ad una frase di qualche anno fa pronunciata da un editore di mia conoscenza, appassionato di collezionismo librario: bada bene che ormai i libri moderni spesso superano per quotazioni folli il mercato dei libri antichi!

Una considerazione forse banale tra i *connoisseurs*, ma spesso sconosciuta ai più, che quando si ritrovano in casa libri come questo non ne colgono l'importanza, spesso data - come in questo caso - da questioni di irreperibilità. Vi è mai capitato di assistere ad una scena, in una libreria qualsiasi di usato, in cui una persona cerca di proporre al libraio di acquistare vecchie e obsolete enciclopedie o "libri pesanti" pensando che siano questi a "valere davvero"?

Beh, vi posso assicurare che capita molto spesso...

In merito a *Le perizie* avevo già letto da qualche parte come di

---

[75] Post del 18/12/2012

un libro di fondamentale importanza. Riconosco di saperne poco, ma sono sicura che prima o poi mi capiterà in mano, forse nell'edizione Alet che dovrebbe uscire presto (e che sicuramente abbasserà notevolmente la quotazione delle due edizioni precedenti).

Fatidico 1994[76]

Chi mi legge da tempo sarà sicuramente a conoscenza del gusto che provo ad indagare le coincidenze in termini cronologici, ovviamente legate al mondo dei libri. Il 1994 in questo senso è un anno colmo di eventi, non solo per quanto riguarda l'editoria.

Come tutti sapranno, nel '94 viene eletto Silvio Berlusconi, il quale, se ne dica male o bene - e mi astengo da ogni commento di carattere personale -, avviò il nostro Paese verso un radicale cambiamento. Nel maggio dello stesso anno è la volta di Nelson Mandela, il cui accostamento con Berlusconi - mi rendo conto - risulta quanto meno fuori luogo...

Il '94 è anche l'anno del suicidio del leader dei Nirvana Kurt Cobain, che scosse un'intera generazione di giovani che lo idolatravano, e dell'ultimo concerto dal vivo del grande Frank Sinatra, tenuto nei pressi di Tokyo.

Nel mondo della carta stampata, invece, avviene un fatto curioso: assistiamo all'esordio letterario di quattro penne attualmente molto note in Italia. Massimo Gramellini esce, assieme a due coautori, con il suo scandaloso resoconto del trascorso politico di Berlusconi, da quest'ultimo censurato e ridotto per un periodo a vera rarità. Di questo fatto è possibile sapere di più leggendo il già citato *Libri scomparsi nel nulla*....

---

[76] Post del 24/1/2013

ed altri che scompariranno presto di Simone Berni[77]. A onor del vero, attualmente il libro è reperibile su Ebay ad un prezzo molto basso e in svariate copie.

Nello stesso anno viene stampato il sofferto - 33 rifiuti - libro di esordio di Antonio Pennacchi, il portavoce delle condizioni disastrose del mondo operaio. *Mammut* verrà riedito nel 2011 dalla Mondadori, riscuotendo un grande successo di pubblico. Personalmente l'ho letto in questa edizione, avendo vagato mari e monti per scovarlo senza successo.

Lo stesso vale per il primo libro del grande scrittore romano Emanuele Trevi, *Istruzioni per l'uso del lupo*. Da circa un anno ho avviato la ricerca di questo libro, che alla fine ho deciso di acquistare nell'ultima recente edizione della Elliott nel 2012.

Un'opera che ha riscosso molto successo, anche se l'autore mi ha personalmente confidato di non amarla troppo. Chiaramente si tratta di un saggio di un esordiente, quindi ancora acerbo e senza una precisa linea di pensiero. Molto distante dal suo capolavoro, finalista al Premio Strega, *Qualcosa di scritto*.

Concludo l'elenco citando nuovamente *Branchie!* di Ammaniti, senza entrare nel dettaglio ripetendomi. Del successo di Ammaniti ormai si conosce ogni dettaglio.

Una casa editrice molto curiosa: BOLO paper[78]

La maggiore soddisfazione navigando in rete si ottiene scoprendo siti come questo...

Si tratta del blog della casa editrice indipendente BOLO Paper, situata a Milano e presente nello shop online o in alcune librerie dislocate nel mondo.

---

[77] Simple, Macerata 2006, p.32
[78] Post del 20/11/2012

La BOLO, anche attraverso una rivista gestita da Marco Nicotra e Giuliana Tammaro, promuove artisti e *designers* emergenti, seguendoli in tutte le fasi della creazione e della conseguente distribuzione. I prodotti di questo straordinario gruppo di creativi sono libri d'artista di grande innovazione e qualità grafica, che in un'offerta variegata soddisfano i gusti più diversi.

Il progetto dichiaratamente più ambizioso è il libro *BOLO 1* realizzato con il contributo di 45 artisti provenienti da tutto il mondo e contenente anche un cd audio realizzato da 11 musicisti emergenti.

Il prezzo è molto democratico, solo 13 euro, e la speranza che diventi una chicca per bibliofili è tanta!

Un altro gioiello della casa editrice è, a mio avviso, un libriccino in formato A5 che riproduce le scene più rare e salienti del mitico videogioco *Street Fighter II* realizzato nel 1991, all'epoca protagonista di un vero e proprio boom.

È chiaro che si tratta di un prodotto "per amanti del genere", ma rimane sempre una testimonianza della follia ottimistica degli anni Novanta, periodo in cui il benessere del boom economico permetteva alla maggior parte delle persone di dedicarsi al tempo libero e alla coltivazione dei propri interessi.

Qualcosa di scritto[79]

Alcuni libri che ci capita di leggere, delle volte, ci sorprendono perché legati ad altri che abbiamo amato dal filo rosso del destino.

Capita così che un dato romanzo alluda a un dato luogo o personaggio di cui parlava anche un libro che abbiamo adorato

---

[79] Post del 4/10/2012

mesi o settimane prima. O ancora, un fatto scoperto in un certo libro a noi caro, è ripercorso in un altro che abbiamo preso in mano per caso, in un periodo successivo, e che mai avremmo immaginato lo trattasse e che ora abbiamo un motivo in più per apprezzarlo.

A me capita spesso, con i romanzi o i testi critici più disparati e provenienti da discipline molto differenti. Un esempio recente è costituito da *Qualcosa di scritto* di Emanuele Trevi, un libro che per due voti ha sfiorato il Premio Strega e che appartiene a quella categoria che io chiamo "vera letteratura", quella di cui un giorno qualcuno si ricorderà e parlerà in altri testi.

Trevi con il pretesto di raccontare le complesse e intricate vicende della morte di Pasolini e del suo romanzo incompiuto Petrolio, ci introduce nel centro nevralgico della cultura romana a cavallo tra gli anni Sessanta e Settanta e, parallelamente, degli anni Novanta, periodo trascorso da Trevi nel Fondo Pasolini per motivi di studio e narrato nel libro. È lì che incontra il terzo protagonista del romanzo, Laura Betti, "la pazza", come la chiama lui, attrice e cantante molto vicina a Pasolini lungo il corso della sua vita che in quel periodo gestiva il Fondo, divertendosi a "torturare" gli studiosi.

Un libro sublime, in bilico fra narrativa, critica letteraria e *memoir*, che ti fa dimenticare tutto quello ti circonda, facendoti concentrare soltanto sul testo.

Per tornare al *fil rouge* prima citato, Qualcosa di scritto nomina ad un certo punto *Questo è Cefis* di Giorgio Steimetz (nome d'invenzione), un testo quasi culto per alcuni bibliofili, in quanto introvabile per motivi legati allo scandalo che la sua diffusione avrebbe potuto provocare.

Il testo, che metteva in cattiva luce il potente Cefis, fu fatto sparire dalle librerie e addirittura dalle biblioteche - come ai tempi dell'Inquisizione! -, fatto che contribuì ovviamente a renderlo rarissimo e ricercatissimo tra gli appassionati del genere (la sua quotazione ha raggiunto addirittura i tre zeri). La questione, inoltre, ha subìto dei recenti sviluppi che gli appassionati possono rintracciare in Internet e che non sto a raccontare qui.

Ad ogni modo, Trevi in questo caso lo nomina in quanto legato a *Petrolio*, tralasciando le note "collezionistiche" (anche se è ben consapevole della sua rarità), ma il fatto mi ha sorpresa perché la vicenda è raccontata in uno dei miei libri preferiti, il *Manuale del cacciatore di libri introvabili* di Simone Berni, che ho avuto modo di citare in precedenza su questo blog.

Un motivo in più, dunque, per amare questo splendido nuovo romanzo.

Hemingway, Parigi e rarità bibliografiche[80]

Festa mobile di Ernest Hemingway a mio parere è uno dei libri che raccontano con maggior efficacia il *mood* parigino degli anni Venti, rievocato peraltro di recente da Woody Allen in *Midnight in Paris*.

Attraverso ricordi e sensazioni, l'autore rivive il primo periodo della sua carriera letteraria, trascorso tra *brasserie* e caffè parigini, facendo la conoscenza della grande Gertrude Stein, con la quale Hemingway avrà un rapporto di odio e amore, quella di Francis Scott Fitzgerald, il grande scrittore dalla vita turbolenta (in parte a causa dell'instabile moglie Zelda) e molti altri protagonisti della scena parigina di quegli anni.

Dal racconto traspare il carattere timido e insicuro di Hemingway, la sua semplicità e il suo subordinarsi agli altri. Ma quello che più mi ha colpita è la sua grande passione per la lettura e per i libri di qualità, di cui spesso ha occasione di discutere nel testo. Riporto un passo che introduce la

---

[80] Post del 24/7/2012

problematica della differenza tra libri inglesi e quelli francesi: ">*Come fa a riconoscere un buon libro francese?< >Prima di tutto ci sono le illustrazioni. Poi si tratta di vedere la qualità delle illustrazioni. Poi c'è la rilegatura. Se un libro è bello, il proprietario lo avrà fatto rilegare come si deve. I libri in inglese sono tutti rilegati, ma rilegati male. Non c'è modo di giudicarli<*".[81]

Personalmente trovo questa osservazione molto interessante: le prime edizioni inglesi o americane sono spesso difficilmente distinguibili da tirature successive. La carta è scadente, la legatura simile a tutti gli altri testi coevi. Una prima edizione francese, invece, come minimo avrà diversi tipi di carta scelti per le diverse tirature (carta *japon*, ad esempio, o olandese) e alle volte porterà una rilegatura in cuoio o mezza pelle.

Tutto ciò è indicativo del gusto per l'editoria di pregio presente in Francia praticamente da sempre, a differenza che in America o in Inghilterra, dove il libro è visto precocemente più come un "oggetto industriale", stampato in tantissime copie e diffuso soprattutto tra il ceto medio.

L'assenza della sovraccoperta, giudicata fondamentale dal collezionista serio e in questo caso mancante, può talvolta far abbassare di molto il prezzo del libro.

Tornando a *Festa mobile*, un altro bel passo è quello verso la fine del libro, quando Fitzgerald fa vedere a Hemingway la prima edizione del suo *The Great Gatsby*.

L'autore scrive: "*Un paio di giorni dopo il viaggio Scott mi portò il suo libro. Aveva una copertina vistosa e ricordo che rimasi imbarazzato da tanta violenza, dal suo cattivo gusto e dalla sua aria equivoca. Sembrava la copertina di un brutto libro di fantascienza. Scott disse che non dovevo lasciarmi impressionare: si riferiva a un tabellone pubblicitario lungo un'autostrada di Long Island che aveva un posto importante*

---

[81] In Ernest Hemingway, *Festa mobile*, Mondadori 2007, p.75

nella storia. Disse che prima la copertina gli piaceva ma adesso non gli piaceva più, e io prima di leggere la tolsi".[82]
Questo passo può facilmente giustificare il feticismo dei collezionisti di edizioni rare: ogni prima edizione, oltre a comunicare sensazioni e emozioni provate durante la lettura, racchiude in sé passioni, scelte, insicurezze dell'autore nei confronti del libro nella sua fisicità e negli aspetti tecnici, di cui l'esemplare ne è testimone.

Recenti trouvaille[83]

Le notizie di *trouvaille* di recente data sortiscono sempre in me un effetto positivo, mi rallegrano la giornata, anche se non sono io ad essere la protagonista dell'evento...
Nell'inserto domenicale de Il Sole 24 Ore del 3 giugno di quest'anno leggo con piacere un articolo di Santo Alligo, che racconta di aver trovato in un mercatino di libri usati l'edizione Bemporad del 1901 de *Le Avventure di Pinocchio* che, a differenza di quanto si creda, è più rara e ricercata dell'*editio princeps* in edizione Paggi del 1883.
Il collezionista racconta la sua fortuita scoperta nell'articolo:
"Chi crede che sul mercato antiquario non si facciano ancora delle interessantissime trouvaille (anche in un campo così battuto come quello delle edizioni di Pinocchio!) è in errore! Per ben trentacinque anni ho controllato con attenzione la data di pubblicazione delle Avventure di Pinocchio *(...) sperando di trovare la prima edizione"*.
Solitamente, come ci spiega Alligo, le edizioni più comuni sono quelle del 1902 o 1905, che si differenziano da quella del

---

[82] Op. cit., pp.206-7
[83] Post del 27/6/2012

1901 per l'ormai perduta freschezza delle xilografie dell'illustratore del testo, Carlo Chiostri. L'edizione del 1901, a suo giudizio, si aggira intorno ai 3.000 - 4.000 euro, a seconda dello stato di conservazione.

Che dire? Innanzitutto va premiata la costanza e la dedizione del collezionista, ottimista e positivo nei confronti della vita (rara qualità!), infine non può che essere di buon auspicio per tutti gli altri...

Una rarità di Boris Pahor[84]

Boris Pahor è uno dei pochi scrittori sloveni conosciuti in tutto il mondo. Reduce dell'esperienza del campo di concentramento, ha voluto raccontare nel suo *Necropoli* la propria tragica vicenda, al pari di autori come Primo Levi.

Di lui ho un libriccino molto raro che ho trovato su un sito in lingua slovena (il mio bilinguismo mi ha aiutata!). Si tratta di una raccolta di saggi polemici intitolati *Odisej ob jamboru* ("Ulisse accanto all'albero maestro", azzardando una traduzione), che propugnano l'indipendenza della Slovenia dalla Jugoslavia.

Il libro fu pubblicato a Trieste nel 1969 dalla casa editrice Zaliv e fu subito vietato dal governo sloveno di allora, con tanto di sequestro delle copie rimaste in circolazione. Pahor si occupava personalmente, assieme alla moglie, della distribuzione dei libriccini per via postale e ricorda che ogni copia rappresentava un sacrificio economico.

Anche la successiva ristampa del 1971 fu vietata e soltanto la terza edizione del 1993 ebbe una diffusione più ampia.

La mia copia è sfortunatamente percossa da violenti segni

---

[84] Post del 7/5/2012

infantili (i killer per eccellenza dei libri - come ci avverte il testo di Gaetano Volpi -) a penna (il killer per eccellenza numero due dei libri) su tre pagine, ma rimane sempre un testo indicativo del clima storico del dopoguerra, da avere assolutamente!

I libri dell'autore, come quelli di tutti gli autori sloveni quali Ivan Cankar, Srečko Kosovel e altri, al momento non godono di una meritata classificazione antiquaria, ma confido che un giorno ciò avvenga, in quanto Pahor ne è degno. Da poco ho intrapreso la ricerca delle sue prime edizioni degli anni Sessanta, ancora facilmente reperibili.

Odisej ob jamboru figura inoltre tra i desiderata di Simone Berni, eccezionale "cacciatore di libri rari" e autore del sublime *Manuale* più volte citato.

Collezionare Vogue[85]

A differenza di quanto si pensi anche in ambito *Vogue* - la rivista di moda per eccellenza in Italia e nel mondo - si trovano sorprese.

Vogue da sempre è sinonimo di impeccabilità nelle scelte tipografiche e nella selezione di fotografi sempre all'avanguardia.

Maestri riconosciuti nel mondo dell'arte come Mario Testino o Steven Meisel - le cui fotografie originali ormai sono quotatissime - hanno fatto palestra lavorando per questa rivista.

Attenti quindi ai numeri speciali (soprattutto i mesi di settembre, mi suggeriscono gli esperti) e a quelli in cui c'è un tema particolare, come ad esempio questo del giugno 2011.

Il titolo in copertina era *Belle vere* e aveva come tema le

---

[85] Post del 25/2/2016

modelle cosiddette *curvy*, cioè più in carne di quelle che solitamente apparivano in copertina.

Svolta epocale, notarono in tanti. Finalmente la moda si rivolgeva a donne più "normali" e non solo a extraterrestri tutte insalata e sport.

Oggi questo numero si vende a 90 euro, con offerte in asta fino a 60 (seguite personalmente). Una bella rivalutazione in soli 5 anni! E gli esemplari che girano non sono tanti.

Il valore è dato quasi sempre dalla presenza di servizi firmati dai più importanti fotografi internazionali, tra cui gli amatissimi Steven Meisel, Bruce Weber o Annie Leibovitz.

Altre volte, invece, i prezzi si alzano se il numero è dedicato a qualche star o modella famosa come ad esempio Kate Moss.

Onestamente a me viene da piangere... perché questi numeri ce li avevo tutti! Era il mio momento "innamoramento verso la moda" e a lungo li ho tenuti tra gli scaffali di casa, prima di disfarmene senza pietà e perdere così un piccolo tesoro.

Un numero che avevo - e che ora vale dai 30 ai 50 euro - è questo del 2006 edizione USA, quando la Leibovitz firmò il servizio fotografico ispirato al film che uscì in quell'anno su Maria Antonietta, diretto da Sophia Coppola con protagonista l'attrice americana Kirsten Dunst.

Il servizio apparve anche in un documentario sulla fotografa che vi consiglio di vedere, anche solo per capire come mai le sue fotografie originali arrivino a cifre molto alte nelle aste internazionali.

Acquistando la rivista, potrete avere a poco prezzo un suo scatto da incorniciare.

Uno dei fotografi di *Vogue* più acclamati, come dicevo, è Steven Meisel (New York 1954), da molti considerato addirittura un genio della fotografia di moda. Celebre il suo libro *Sex* realizzato con Madonna nel 1992 (già molto ben valutato) e celebri i suoi scatti alle star.

Tra i suoi servizi più rinomati, il n.659 di *Vogue* Italia del 2005 dedicato alla chirurgia plastica.

In questo numero Meisel volle criticare l'abuso da parte dello *showbiz* della chirurgia estetica, attraverso immagini di splendide modelle in una clinica di lusso che si fanno trasportare o medicare dalle infermiere in seguito alle operazioni.

All'epoca ricordo che ne fui molto colpita e decisi addirittura (ahimé!!) di incorniciare la copertina e appenderla in camera.

Il direttore di allora fu la appena scomparsa Franca Sozzani, il vero regista della cosa però fu Meisel.

Apprendo da Wikipedia che di lui non esistono molti libri, uno soltanto è stato pubblicato in Germania nel 2003 dalla Buchverlah ma non mi risultano copie disponibili nel web!

Collezionismo librario anglosassone e prime straniere in Italia

La fortuna editoriale degli autori stranieri in Italia è stata da sempre oggetto di innumerevoli studi e analisi, ma spesso si trascura l'aspetto più interessante: quello collezionistico.

I nomi stranieri più ricercati in questi termini non sono tanti; quelli ricorrenti sono specialmente Charles Bukowski, Louis-Ferdinand Céline, Stephen King e pochi altri (ovviamente Tolkien e la Rowling!).

Ma è interessante notare come le valutazioni delle loro prime edizioni in lingua italiana spesso arrivino a superare quelle degli autori nostrani. Da qui è nata una lunga riflessione sul mio blog relativa alle "prime italiane" di autori stranieri.

Il divertimento è simile a quello sugli esordi italiani, con l'aggiunta del gusto di scoprire la mutazione del titolo via via che si succedevano epoche ed editori.

Manuali per bibliofili: Antique Trader Book Collector's Price Guide[86]

Una delle qualità che apprezzo di più del collezionismo librario anglosassone è la capacità di produrre degli straordinari repertori bibliografici, che mostrano quanto ci tengano davvero a fornire strumenti validi a chi volesse addentrarsi nel mondo delle prime edizioni.

Questo che vi propongo è uno dei migliori (preferibilmente in

---

[86] Post del 30/7/2014

terza edizione aggiornata): l'*Antique Trader Book Collector's Price Guide* Curata da Richard Russell nel 2009. Si tratta di una guida delle edizioni americane più rare o valutate, con tanto di stima minima e massima e in certi casi con foto della copertina originale.

Il fatto che sia illustrato è certamente un vezzo "in più" che manca ad esempio al nostro repertorio per eccellenza di prime edizioni italiane: il Gambetti/Vezzosi. E lo rende molto più interessante e accattivante. Del resto anche l'occhio vuole la sua parte.

Al Gambetti/Vezzosi manca pure tutto quello che non è "alta letteratura", o perlomeno quella che non viene definita tale. Quindi generi come fantascienza o gialli sono esclusi dall'elenco.

Davanti a un libro simile - che tra l'altro mi sono procurata a pochissimo prezzo in Internet - una appassionata come me può solo che iniziare a sognare: partendo dalle "classic rarities", cioè prime edizioni ad esempio di Fitzgerald o della Mitchell aventi alle spalle una solida tradizione collezionistica, per passare poi a rarità ed edizioni meno comuni o di nicchia, come il *crime* o la fantascienza o, ancora, a libri legati a temi particolari come la storia indigena dell'America.

Sfogliandolo ho scoperto edizioni che mi erano sconosciute oppure che non credevo essere così valutate, e ho appreso pure certe analogie con la nostra editoria.

Ad esempio tra la collana degli anni '20-'30 dedicata al fantastico della nostra Sonzogno, che reca un'illustrazione lungo tutto lo spazio della sovraccoperta e una legatura in cartoncino rigido rosso, e le edizioni fantastiche autoedite da Edgar Rice Burroughs, come ad esempio *Swords of Mars* (valutato sui 1.000 dollari). Il confronto è davvero calzante e sicuramente il nostro editore ha preso spunto da Burroughs per pubblicare i suoi libri.

Rarità tra i Booker Prize winners[87]

Mi ha fatto piacere vedere su Twitter il team della casa editrice Fazi festeggiare la vittoria del Booker Prize di quest'anno da parte di un loro autore, l'americano Paul Beatty, con il romanzo *Lo schiavista*.

Se ricordate della casa editrice Fazi scrissi già in un post su Gore Vidal, uno degli autori più noti da loro pubblicati. Ebbene hanno fatto nuovamente centro, dopo il successo di libri come *Twilight* di Stephanie Meyer, *Melissa P.* e *Stoner* di Williams.

Lo schiavista è un romanzo definito dallo stesso autore "difficile", poiché è una satira pungente sulla razza. E inizia così: *"So che detto da un nero è difficile da credere, ma non ho mai rubato niente. Non ho mai evaso le tasse, non ho mai barato a carte. Non sono mai entrato al cinema a scrocco, non ho mai mancato di ridare indietro il resto in eccesso a un cassiere di supermercato"*.

Dopo ben 18 no, l'autore riuscì a farlo pubblicare anche in Gran Bretagna (allo scopo di poter concorrere per il Booker Prize che impone questo requisito) da una piccola casa editrice inglese, la Oneworld.

E finalmente sta avendo il successo meritato, anche presso i collezionisti di prime edizioni che si stanno contendendo a suon di offerte su Ebay la *first printing* - prima edizione – americana.

Infine, con l'occasione vi propongo il primo libro di Beatty ad uscire in Italia, *Il blues del ragazzo bianco*, edito nel 1997 da Baldini & Castoldi e al momento di difficile reperibilità.

---

[87] Post del 8/11/2016

Curiosità su Salman Rushdie[88]

Una delle letture più appassionanti della mia estate è stato *Joseph Anton* di Salman Rushdie, titolo tratto dallo pseudonimo che l'autore nella sua vita reale scelse per la sua sopravvivenza in incognito, dovuta alla pronuncia da parte dell'ayatollah Khomeini della sua condanna a morte in seguito alla pubblicazione de *I Versi Satanici.*

Nel libro, oltre al noto stile ironico e brillante di Rushdie, sorprende la sua totale onestà e trasparenza nel raccontare la propria vicenda: dal dramma della clandestinità durato ben otto anni, con le guardie del corpo costantemente in casa, alle sue intricate storie d'amore (quattro si susseguono lungo la sua reclusione) e amicizie molto influenti (Rushdie fu, e con alcuni tuttora, in intimità con scrittori del calibro di Bruce Chatwin, Ian McEwan, Paul Auster, Susan Sontag e moltissimi altri) ma anche e soprattutto ai retroscena del mondo editoriale britannico.

È stata una vera goduria scoprire tutte le fasi, più o meno celate dalle case editrici, che si avvicendano nel corso della pubblicazione e gestione di un dato testo. O tutti i conflitti e gli accordi che ci possono essere fra editori o fra autore ed editore.

E, per una volta, l'Italia non mi ha delusa. Nonostante nei periodi cruciali della condanna a morte di Rushdie, quando molte case editrici e librerie rinunciarono alla gestione del testo per paura di attentati e danni alle loro sedi (o addirittura omicidi, come nel caso del traduttore giapponese Hitoshi Igarashi), il direttore editoriale di Mondadori Giancarlo Bonacina accettò la sfida pubblicando il libro.

Ma ho imparato anche qualcosa dal punto di vista del collezionismo librario.

Ad esempio non sapevo che vi furono due "vere prime

---

[88] Post del 11/9/2013

edizioni" de *I Versi Satanici*, dopo quella ufficiale.

La prima, rarissima, edizione è quella in 12 esemplari contrassegnati in lettere romane e firmati, con sovraccoperta muta color beige. In merito Rushdie nel libro racconta di aver dovuto sborsare 2200 sterline per ottenerla dal libraio antiquario Rick Gekoski che lo aveva in vendita.

La seconda fu quella in 100 esemplari numerati e firmati, identica all'altra nel suo aspetto esterno, copertina in mezza pelle e titoli in oro al dorso. Entrambe erano racchiuse in un cofanetto blu.

Le valutazioni per ciascun esemplare al momento si aggira fra i 1000 e i 2000 euro.

L'esordio di Philip Roth in Italia[89]

Molto tempo fa inserii *Addio Columbus e cinque racconti* di Philip Roth nel nostro "scaffale dei rari" del mio blog, ma senza descriverlo o spiegarvi di cosa si trattava.

In realtà pensavo fosse quasi un "miraggio", poiché non ne avevo mai vista una copia prima d'ora.

Fino a quando non l'ho scorta sullo scaffale del Fondo Falqui di cui ho detto la scorsa settimana.

Si tratta del primo libro di Philip Roth, e anche il primo ad uscire in Italia: copertina morbida semplice ed essenziale e a quanto sembra privo di sovraccoperta. Caratteristiche particolari: raro.

La sua storia editoriale, poi, è piuttosto curiosa; da questa prima edizione ne è uscita prima una ristampa nel 1968 dai torchi della Garzanti, in versione tascabile con copertina morbida piuttosto anonima.

---

[89] Post del 8/9/2014

Poi le riedizioni si sono susseguite tutte in casa Bompiani a partire dal 1969 in più vesti differenti e con due titoli diversi: *Addio Columbus* (in una orrenda veste in pelle bordeaux) e *La ragazza di Tony*, dall'omonimo film che ha reso famoso il libro. La prima con il nuovo titolo reca una foto dell'attrice in copertina, la seconda di dieci anni più tarda, è inserita nella collana I Delfini dal colore nero pece e copertina morbida. La terza, infine, presenta sempre una copertina morbida, ma bianca con bordi arancio.

Soltanto nel 2012 l'Einaudi ha reso onore a questo libro chiamandolo con il suo vero nome *Goodbye, Columbus e cinque racconti* attribuendogli finalmente una sovraccoperta all'altezza.

Le prime di Paul Auster[90]

Nel giudicare il talento di questo straordinario scrittore americano per una volta l'Italia è stata accorta: il primo libro di Paul Auster ad essere stato tradotto in italiano è stato pubblicato da una grossa casa editrice, la Rizzoli e non, come spesso accade, da piccole case costantemente sull'orlo del fallimento. La loro unica "colpa" è incentrare la loro attività (e la loro stessa esistenza!) sulla Buona ma trascurata letteratura...

Paul Auster (1947) è uno scrittore ebreo molto amato sia in America che nel mondo e in Italia è stato pubblicato principalmente dalla Einaudi, nella collana Supercoralli.

La sua opera è stata più volte accostata a quella di Philip Roth, autore fondamentale per la sua crescita intellettuale e a cui egli stesso di frequente fa riferimento nelle sue opere.

Per fare un esempio, in uno dei tre racconti della *Trilogia* (*Città*

---

[90] Post del 29/7/2013

di vetro) Auster lo cita nell'espediente dell'inserimento ironico del proprio personaggio nel racconto, riversando nella finzione un significato maggiore rispetto alla realtà, come usava fare Roth.[91]

Ma, diversamente da lui, Auster esordisce nel '74 con una raccolta di poemi, *Unearth* e nel '76 pubblica *Wall writing*.

Soltanto nel 1982 uscirà il suo primo romanzo, *The invention of solitude*, un racconto autobiografico generato dalla morte del padre e incentrato sul rapporto problematico che li ha sempre legati.

Infine, una particolarità legata alla sua biografia è il legame con la scrittrice norvegese Siri Hustvedt, di cui Einaudi ha pubblicato numerosi romanzi. La scrittura della Hustvedt personalmente mi ha appassionata molto. L'ho trovata molto interessante dal punto di vista intellettuale, colma di dettagli e riferimenti relativi al tema trattato.

Per quanto riguarda le prime di Auster, il collezionista italiano sembra non essere particolarmente interessato a raccoglierle. Tuttavia qualche rarità c'è e ritengo sia interessante individuarla.

Diversamente da quanto si possa pensare, la prima edizione di Auster sopra citata, *La trilogia di New York*, è discretamente rara ma poco valutata. Su Ebay la si può trovare per una decina di euro.

Anche le due uscite successive, *La musica del caso* (Guanda, 1990) e *Il palazzo della luna* (Rizzoli, 1990) sono valutati come semplici libri fuori catalogo. La loro rarità però è inferiore rispetto alla *Trilogia*.

Soltanto la quarta, che in ordine di pubblicazione in America è la prima, risulta rarissima: *L'invenzione della solitudine*. Uscì per un editore minore e al momento è impossibile reperirne

---

[91] Ne parla Geoffrey H. Hartman in *Scarse of the Spirit: The Struggle against Inauthenticity,* Palgrave Macmillan, New York 2002, p.60

anche soltanto un'immagine nel web.

Lo stesso vale per *Il taccuino rosso*, una raccolta di 13 novelle edita dall'ottima casa editrice genovese Il Melangolo, che pubblicò molte "deliziose miniature" – mi riferisco al formato dei libri - quali *L'ultimo a parlare* (1990), rarissimo testo del filosofo francese Maurice Blanchot.

Ricordo che una copia di questo testo blanchotiano apparve lo scorso dicembre un sabato di prima mattina e intorno all'ora di pranzo era già esaurito.

Anche *Il taccuino rosso* risulta irreperibile sia nell'edizione del 1994 che nella ristampa del 1997, ma non so dire se sia ricercato o meno.

Thomas Wolfe e rarità poco conosciute[92]

In seguito al film *Genius* appena uscito in Italia, incentrato sulla vita dello scrittore americano Thomas Wolfe, l'autore sta riscontrando un nuovo interesse e una riscoperta da parte del pubblico.

In realtà tra i collezionisti e *connoisseurs* italiani il nome già girava, poiché le sue opere principali sono rare o comunque di difficile reperibilità in Italia, e i prezzi si sono adeguati alla richiesta.

Ma prima del film se ne parlava poco o niente, tanto che la maggior parte delle persone non sapeva chi fosse (di lui vi accennai tempo fa pubblicando la copertina del raro *Non puoi tornare a casa*).

Il film secondo me è molto riuscito, soprattutto per quanto riguarda la figura dell'editore della Scribner's - una delle più famose case editrici americane di tutti i tempi - Max Perkins,

---

[92] Post del 6/12/2016

impersonato dal bravissimo Colin Firth. È lui a scoprire il suo talento e a decidere di pubblicare i suoi libri, nonostante fossero stati rifiutati da tutti gli editori per la loro eccessiva lunghezza.

Riusciti anche gli accenni a Fitzgerald, Hemingway e alle copertine originali delle loro edizioni, che nello studio di Perkins vengono inquadrate maestosamente una accanto all'altra.

Purtroppo solo in America si riesce a fare un film sulla letteratura con grandi attori!

Il primo libro di Wolfe fu *Angelo, guarda il passato* e anche da noi uscì per primo per Einaudi nel 1949. Al momento è in vendita a 80 euro, e difficilmente lo vedrete a meno di 45/50.

Altrettanto difficile da trovarsi è anche *Il fiume e il tempo*, pubblicato dalla Mondadori nel 1958.

Un altro successo in America e in seguito in tutto il mondo, con numerose ristampe. In Italia invece non viene più ripubblicato, come anche *Non puoi tornare a casa*.

I libri di J.R.R. Tolkien: curiosità in ordine sparso[93]

Mi ero ripromessa di scrivere sulle prime di Tolkien in relazione alla biografia[94] di cui vi parlai prima di Natale ed eccomi qui.

La biografia mi è piaciuta molto, soprattutto per quanto riguarda la parte dedicata al successo delle pubblicazioni di Tolkien: dalla fortuna clamorosa del suo primo libro, *Lo Hobbit*, a quella successiva e molto più duratura del famosissimo *Il signore degli Anelli*.

---

[93] Post del 7/2/2014
[94] Michael White, Bompiani 2001

L'infanzia di Tolkien non fu semplice e leggendo questa biografia lo amerete fin da subito. Per poi iniziare ad esserne un po' infastiditi verso la metà del libro, quando viene descritto il suo carattere minuzioso e a tratti davvero insopportabilmente puntiglioso, che lo portava a rivedere infinite volte il testo - con ritardi su ritardi causati alla pubblicazione - e a pentirsi più volte e voler ritrattare con gli editori.

Ma del resto, se non avesse avuto questo carattere probabilmente non sarebbe riuscito a studiare in maniera così approfondita la cultura e i miti scandinavi e ad inserirli così dettagliatamente nei suoi libri. Infatti secondo White questo fu uno dei suoi punti di forza.

Le edizioni più valutate in assoluto di Tolkien in lingua originale sono *The Hobbit*, dalla splendida copertina illustrata in blu e verde acceso (ormai oggetto di aste da Christie's e valutazioni a 4 zeri), uscito nel 1937, e i tre libri della saga *The Lord of the Rings* del 1954.

Il primo è particolarmente raro perché, come ci spiega White, nel 1942 le copie rimaste in magazzino andarono distrutte in un'incursione aerea.

Una curiosità che invece riguarda la *Trilogia* è che la prima parte dei profitti ricevuti dall'autore furono di 4000 sterline; più o meno l'equivalente dello stipendio annuale di un professore come lui. E ce ne furono di maggiori e sempre in crescendo, nonostante ad un certo punto circolasse una copia pirata edita dalla Ace.

Come in molti paesi, anche in Italia vi è un grosso numero di estimatori dello scrittore inglese, che ne collezionano le edizioni più rare e prestigiose.

Un *tolkeniano*, come egli stesso si definisce, ha tracciato sul suo blog[95] una breve lista delle edizioni italiane più rare, con

---

[95] https://tolkieniano.blogspot.it/2012/06/tutte-le-edizioni-italiane-piu-rare-de.html

tanto di immagine e stima di rarità da uno a dieci (!). A quanto pare i libri più ricercati sono quelli stampati in edizioni limitate o *ad personam*, tutti rilegati in pelle e stampati su carte pregiate. Tra i meno comuni risulta quello che ho inserito, spesso sconosciuto ai non esperti.

Un'altra edizione non introvabile ma ricercata è *Il bestiario di Tolkien*, edito da Bompiani nel 1979. Mentre un libro che ad oggi risulta difficile da reperire sono le lettere di Tolkien, edite da Bompiani nel 2001 sotto il titolo *La realtà in trasparenza*. Da non perdere!

Le "prime" di Louis-Ferdinand Céline in Italia[96]

L'argomento che sto per trattare non è semplice. Tutt'altro.

A differenza di altre pubblicazioni legate a un dato autore, le opere di Céline implicano vicende politiche, morali e ideologiche, che condizionano fortemente la fortuna o sfortuna collezionistica di alcuni suoi testi.

Ma del resto, come ammette uno dei più grandi collezionisti italiani di rarità del primo Novecento, Giampiero Mughini, *"Se uno che scrive non si caccia nei guai, che razza di scrittore è?"*[97].

Di Céline si è scritto e si scrive molto. Esiste un blog, gestito da Andrea Lombardi, che aggiorna costantemente gli appassionati in merito a pubblicazioni, recensioni, interventi critici e reperibilità dei testi dello scrittore francese. Ma esistono anche forum di discussione e gruppi sui social network, come quello sul sito dedicato ai libri Anobii, che è

---

[96] Post del 26/11/2013
[97] Massimo Gatta, *La grande famiglia. Storie di editoria e bibliografia*, Biblohaus, Macerata 2012, p.292

accessibile soltanto (!) previa dimostrazione di possedere una conoscenza quantomeno discreta delle opere di Céline.

Senza entrare nel merito di approfonditi riferimenti biografici, occorre dire che Louis Ferdinand Auguste Destouches (nome reale dell'autore), nacque a Courbevoie, nei sobborghi di Parigi, nel 1894 e vi visse fino al '45, quando venne accusato di antisemitismo e dovette fuggire in Danimarca.

Vi fece ritorno soltanto negli anni '50, quando grazie all'editore Gallimard ebbe inizio la sua lenta ascesa – che durò quasi dieci anni - verso il successo, che provocò la riscoperta dei suoi capolavori e la pubblicazione delle sue opere successive.

Innegabile è il suo tributo alla letteratura cosiddetta d'avanguardia, che ha svecchiato lo stile tardo-ottocentesco e importato un nuovo modo di scrivere, diretto e tagliente, "quotidiano".

"Ogni sua opera è stata un avvenimento che ha sconcertato la repubblica delle lettere e ha fatto gridare al capolavoro o allo scandalo sotto la spinta di intuizioni, di simpatie, ovvero di umori e pregiudizi; rare sono le pagine a lui dedicate che non abbiano subìto il condizionamento di fattori biografici o comunque extraletterari"[98] scrive uno dei suoi biografi italiani più precoci e validi, Paolo Carile. I suoi testi, sulla scia dell'interesse per Céline, godono di una fortuna collezionistica insolitamente discreta se confrontata alla saggistica su altri autori stranieri.

Céline "non la manda a dire". È spesso aggressivo e provocatorio e, anche attraverso il linguaggio, esercita un gesto di rottura appartenendo a quella schiera di scrittori che vengono amati appassionatamente o odiati ferocemente, senza mezzi termini.

La sua prima pubblicazione, e anche la più nota, è *Viaggio al termine della notte*, apparsa in Francia nel '32 per i tipi di

---

[98] Paolo Carile, *Céline. Un allucinato di genio*, Pàtron, Bologna 1969, p.21

Denoël et Steel e in Italia l'anno successivo per la Corbaccio. L'opera viene subito consacrata come di cruciale importanza per il Novecento.

Il libro è una denuncia degli orrori della guerra, vissuti dall'autore in prima persona.

La seconda opera, non meno nota e applaudita, è *Morte a credito* del '36, che sancisce definitivamente la sua fama.

Dopodiché è la volta di *Bagatelles pour un massacre*, il famosissimo e controversissimo *pamphlet* stampato nel dicembre del '37 che gli valse l'accusa di antisemitismo – con il ritiro nel maggio del '39 dell'opera- e l'obbligo di recarsi in esilio.

Fino a quella data il suo odio razziale non era ancora stato manifestato, se non attraverso personaggi meno importanti e comunque non in maniera diretta. Da *Bagatteles* in poi il concetto viene espresso chiaramente e riportato a chiare lettere attraverso quest'opera feroce e minuziosamente compilata, con tanto di elenchi e dati statistici legati agli ebrei e riferimenti storici.

Céline *"considera gli ebrei agenti di corruzione (…) delle difese intellettuali degli ariani, li accusa di essere votati al «truquage de l'histoire», alla falsificazione della cultura e dell'arte francese attraverso la mistificazione permanente della parola e della retorica astratta «du verbe»"*[99]

In realtà l'antipatia gli deriva da un confronto diretto con la loro comunità, della quale disapprovava la loro scaltrezza negli affari e la loro ricchezza, da lui considerata negativamente.

Ma veniamo alla sua fortuna collezionistica in Italia, che vanta un'inedita e molto partecipata adesione e un grande numero di appassionati delle sue prime edizioni italiane.

Il pezzo in assoluto più ricercato di Céline nella nostra lingua è

---

[99] Paolo Carile, *Céline oggi. L'autore de Voyage au bout de la nuit e di Rigodon nella prospettiva critica attuale*, Bulzoni, Roma 1974, p.88

il libello antisemita *Bagattelle* (o, dall'edizione Guanda, senza la doppia T) *per un massacro*. La prima edizione italiana è della Corbaccio, stampata nell'aprile del 1938 a cura di Alex Alexis. Di questo famigerato traduttore non si sa nulla e si crede avesse operato sotto pseudonimo (anche se non esclusivamente per questo testo di Céline; nella prima edizione del *Viaggio* appare sempre il suo nome in veste di traduttore).

Almeno un terzo del *pamphlet* viene censurato: i termini scurrili o legati al sesso vengono epurati, come anche le allusioni troppo dirette all'inferiorità degli ebrei. Non mancano infine gli errori, secondo Alexis dovuti alla mancanza di tempo. Nonostante ciò le copie vendute sembra fossero ottantamila, un numero verosimile visto il clima di consenso nei confronti di Hitler e delle sue idee antisemite respirabile in Italia a quella data. Infatti l'opera, secondo Carile, venne stampata per *"ragioni di opportunità politica (...) proprio all'epoca in cui anche da noi, seguendo il cattivo esempio tedesco, si fomentava l'avversione per gli ebrei."*[100]

La presa di distanza dell'editore in merito a quest'opera, tuttavia, è evidente nella scelta di sovrapporre al titolo del libro, stampato a caratteri gialli, la scritta diagonale in rosso "Barricata individuale". A sottolinearlo è Riccardo De Benedetti, autore di un recente saggio sul caso editoriale e critico di questa opera.[101]

Al momento l'opera risulta molto rara, anche se presente nel mercato antiquario. Le valutazioni oscillano dai 300 ai 400 euro.

La seconda, e in assoluto più rara, edizione di *Bagatelle* è edita dalla casa editrice Robespierre di Milano nel 1965, ma passa in sordina e non reca grandi migliorie. L'edizione è limitata e avviene per gentile concessione della Corbaccio, con la scelta

---

[100] P. Carile, *Céline un allucinato... op.cit* p.128
[101] *Céline e il caso delle "Bagatelle"*, Medusa, Milano 2011, p.88

della copertina che cade nuovamente su colori accesi, rosso fuoco per le scritte e nero per lo sfondo. La presa di posizione da parte dell'editore è di nuovo evidente nella scelta di raffigurare un personaggio con la testa sotto la ghigliottina, collocato in basso a destra.

Dalla seconda edizione a quella successiva passano 15 anni. È la volta della casa editrice Guanda, che nel 1981 edita una versione delle *Bagatelle* finalmente integrale e tradotta *ex novo* da Giancarlo Pontiggia, con una nota introduttiva di Ugo Leonzio sul significato dell'odio in Céline.

Quest'opera, secondo Riccardo De Benedetti, *"appare in un panorama di relativo disinteresse per il ruolo dell'antisemitismo nella costruzione ideologica del fascismo italico"*[102] e di fatto viene stampata in qualità di semplice documento storico.

Ma la vera fortuna di questo testo, molto ricercato e da molti ritenuto erroneamente il più raro, è dovuta al fatto che nel 1982, un anno dopo la distribuzione del libro in libreria – senza, in realtà, particolare successo e con poco più di qualche migliaio di copie vendute – la vedova di Céline, Lucette Almanzor in Destouches, ne blocca la vendita tramite il suo avvocato.

Un divieto mai giustificato, dettato probabilmente dalla volontà da parte della vedova di preservare un ricordo positivo del marito.

Fino a quando rimarrà in vita, dunque, non sarà possibile stampare questo testo, che oggi nell'edizione Guanda raggiunge i 150-200 euro. *"Il testo non più disponibile pubblicamente, di fatto scomparso dai luoghi della fruizione abituale dei libri, le librerie, e rifugiatosi in qualche biblioteca, continua e conserva una vita sotterranea; si distribuisce per canali*

---

[102] R. De Benedetti, *Céline e il caso delle "Bagatelle"*, cit. p.99

impropri".[103]

Infatti la quarta (quinta, se si considera la ristampa del 2008) edizione delle Bagatelle, oggi facilmente reperibile a poco prezzo, è un'edizione pirata, edita da Aurora presumibilmente negli anni Ottanta.

Sul blog sopra citato si vocifera che anche dell'edizione Guanda esista un esemplare pirata, un facsimile spacciato per un'edizione originale e venduto a più riprese su Ebay. Non è stato però possibile saperne di più.

Concludo il paragrafo dedicato alle *Bagatelle* con un commento di Claudio Magris inserito nella sua prima e famosa opera Danubio[104]: "*Céline si è lasciato accogliere dalla rivelazione del male (...) anarchico e autolesivo, Céline ha pagato uno scotto, poetico e intellettuale, al disprezzo di cui si è nutrito. (...)*."

Secondo Magris in *Bagatelle per un massacro* c'è "*il prolisso bottegaio che si lascia andare a tutti i pregiudizi della sua classe pauperizzata e disorientata, ma c'è anche una geniale e stravolta istantanea del secolo ventesimo, di cui non si potrà più fare a meno.*"[105]

Per proseguire il nostro viaggio nelle rarità bibliografiche di Céline, è opportuno citare l'opera *I sotto uomini*, una raccolta di testi legati alla problematica sociale (anche se stesi in forma di uno pseudo-racconto di impressioni di viaggio) scritti da Céline a più riprese tra il 1925 e il 1933, quindi prima del *Viaggio*. Questi testi sono il risultato di un lungo viaggio dell'autore - che, non dimentichiamoci, fu medico – negli Stati Uniti, allo scopo di indagare i progressi della medicina del lavoro.

In questi scritti molto precoci sono già presenti alcuni tratti caratteristici dello stile di Céline, come "*lo sghignazzo (...) che*

---

[103] R. De Benedetti, *Céline e il caso delle "Bagatelle"*, cit. p.31

[104] Garzanti, Milano 1986

[105] C. Magris, cit. pp.51-52; 54

sgorga irrefrenabile anche nel mezzo della elencazione statitistica", come osserva il curatore dell'edizione, Giuseppe Leuzzi[106]. Ed è forse per questo che il libro risulta così ricercato.

Infatti, nonostante sia stato edito recentemente e da una casa editrice relativamente grande, la Shakespeare and Company di Roma, risulta raro e ricercato.

Un altro testo molto raro di Céline, probabilmente più raro de *I sotto uomini* vista la datazione e la destinazione dell'opera, è la pièce teatrale *L'Eglise*, scritta nel '33 e rappresentata per la prima volta in Francia - con scarso successo - nel 1936 a Lione. L'edizione italiana conserva il titolo originale e viene stampata nel 1968 dalla casa editrice romana Trevi, a cura di Rino di Silvestro e Giovanni Maria Russo. Il libro viene stampato in occasione della rappresentazione della pièce a Roma l'anno precedente, in anteprima italiana, curata dagli autori del testo.

Interessante la copertina, probabilmente tratta da una foto della rappresentazione, che ricorda certi cataloghi di mostra di artisti coevi come Michelangelo Pistoletto o Mario Schifano. Raffigura due uomini nell'atto di "picchiare" un personaggio dai capelli lunghi – tipico uomo sessantottino – vestito con una bandiera americana. Infatti *L'Eglise*, come precisa l'editore nella prefazione, è una feroce satira verso organismi internazionali come L'ONU e simili.

Ancora una volta, nel testo ritroviamo la presenza di riferimenti al suo odio razziale, come ad esempio nel personaggio di Yudenzweck, il cui nome contiene la parola ebreo. All'interno del testo è presente anche un elenco delle recensioni – positive e negative - che i giornali dell'epoca ne fecero.

Una delle ultime copie vendute online è stata quella della libreria editrice antiquaria Ar di Avellino, di manifestato

---

[106] L.-F. Céline, *I sotto uomini*, Shakespeare and Company, Roma 1993, p.34

schieramento neonazista, perfettamente in linea con le idee di Céline.

Per concludere, occorre citare altre quattro rarità (o presunte tali) di Céline di recente pubblicazione: *La scuola dei cadaveri*, edita nel 1997 dalle edizioni Soleil (S.Lucia di Piave) e subito sparita dal mercato (attenzione alle copie ristampate da privati e diffuse come opere originali!), *Arletty,* edito dai Taccuini di Barbablù di Siena nel 1987, a cura di Massimo Raffaeli, *Progresso* e *Mea culpa / La bella rogna*[107].

Il primo è un feroce *pamphlet* antisemita sullo stile di *Bagatelle*, di recente digitalizzato e reso disponibile gratuitamente online. Il secondo, molto più raro a causa della sua forma "ad opuscolo" di pochissime pagine, è un romanzo incompiuto (originariamente concepito per essere trasposto cinematograficamente) ispirato dalla figura dell'amica d'infanzia di Céline, Arletty, un'icona del cinema francese.

Progresso, infine, è un'opera teatrale edita dalla Collezione di Teatro Einaudi, rara in entrambe le sue edizioni del 1981 e 1982. Mentre *Mea culpa / La bella rogna* sono due importanti e ferocissimi libelli politico-morali. Questo libro fu ritirato dal mercato e circola anche in versione *fake*.

Questo breve *excursus* nelle rarità bibliografiche di Céline è stato un tentativo di fare ordine nell'infinito marasma delle edizioni italiane di Céline, che sono di sovente oggetto di accesi dibattiti nei forum online.

Céline è uno degli autori più amati dai collezionisti italiani, dopo Georges Simenon e Samuel Beckett. Le motivazioni possono essere tante, una tra tutte la voglia di possedere qualcosa di "proibito", di irrecuperabile.

E la rarità dei suoi testi è data proprio da quest'ultima caratteristica; se l'interesse nei suoi confronti non fosse così acceso, i testi sarebbero reperibili con maggiore facilità.

---

[107] Guanda, 1982

Cormac McCarthy in Italia: brevi cenni[108]

È da un po' di tempo che osservo il mercato delle prime edizioni italiane di Cormac McCarthy, lo scrittore americano dalla fama ormai planetaria.

Molti sono i film tratti dai suoi libri, uno per tutti *Questo non è un paese per vecchi* dei fratelli Coen, considerato un capolavoro.

Il collezionismo delle sue prime italiane sembra essere silenzioso e timido, ma ad ogni modo esistente e assolutamente insospettabile. A segnalarmelo è stato un libraio antiquario di Roma, nonché mio lettore occasionale, che ha venduto una prima edizione di McCarthy addirittura a 50 euro!

Così mi sono incuriosita e ho iniziato a documentarmi.

Ne è uscito che ok, alcune prime edizioni sono poco comuni. Ma rimangono sempre testi stampati da una grossa casa editrice, quasi esclusivamente l'Einaudi, e per di più recentemente. Quindi le edizioni spuntano con discreta regolarità.

Una nota curiosa però c'è: lo scrittore americano fu "scoperto", come spessissimo accade (vedi Zafón, Ammaniti, Pennacchi, ecc. ecc. ecc.), da una piccola casa editrice napoletana, la Guida, che nel 1993 stampò *Cavalli selvaggi* con ammirevole anticipo.

Due anni dopo l'Einaudi decise di acquistarne i diritti e fare dei libri dell'autore dei *bestsellers*, con un numero altissimo di ristampe e riedizioni tascabili.

Ad ogni prima edizione, stampata nella bellissima collana Supercoralli in tela carta da zucchero - marchio distintivo dell'Einaudi - e sovraccoperta illustrata seguirono

---

sistematicamente le edizioni tascabili in cartoncino bianco. Quindi l'interesse non è dato dall'irreperibilità dei testi.

In ordine cronologico uscirono: *Oltre il confine* (1995), *Cavalli selvaggi* e *Meridiano di sangue* (1996), *Il buio fuori* (1997) e *Città della pianura* (1999).

Ad oggi tutti e cinque i libri risultano se non introvabili, almeno difficilmente reperibili. Mentre l'edizione Guida di *Cavalli selvaggi* non sembra riscuotere grande interesse.

Cosa curiosa, essendo la prima opera dell'autore ad apparire in Italia. Misteri del collezionismo!

Le prime di Charles Bukowski in Italia[109]

Charles Bukowski è uno dei romanzieri e poeti più amati e collezionati in Italia.

Non so dirvi il perché, è una sorta di febbre che attacca gli appassionati di letteratura che ad un certo punto iniziano a venerare uno scrittore.

Io in gioventù ne ho letti molti di suoi libri e posso dire che sicuramente affascina il suo stile asciutto e diretto, ironico e talvolta un po' sconcio e forse per questo amato soprattutto dai giovanissimi.

Tra le sue edizioni più ricercate in Italia, quelle di poesia edite dalla Minimum Fax a partire dal 1999, oggi praticamente introvabili se non a prezzi alti (40/70 euro) poiché mai più ristampati.

Il primo titolo fu *Tutto il giorno alle corse dei cavalli e tutta la notte alla macchina da scrivere* e ad oggi risulta di difficile reperibilità.

Le copertine si presentano colorate e vivaci, adatte ad un

---

[109] Post mai pubblicato

pubblico giovane e belle da collezionare.

Ma il successo di Bukowski in Italia inizia molto prima, precisamente negli anni Settanta con *Post Office* (Sugarco, 1971) e nel 1973 con la raccolta di racconti *A sud di nessun nord*, sempre Sugarco.

Entrambe al momento si trovano con grossa difficoltà in prima edizione, ma sono state ristampate più volte da altre case editrici. Onestamente trovo le copertine di queste edizioni Sugarco – che continuerà a stampare i successi di Bukowski anche negli anni successivi - non molto invitanti: sfondo bianco e grossa banda verde orizzontale in mezzo alla copertina. Nessuna copertina rigida, nessun particolare fronzolo o sovraccoperta illustrata. E infatti le valutazioni a mio avviso rimangono sempre basse anche per questo motivo.

È solo grazie alla Feltrinelli che abbiamo una svolta in questo senso: nel 1975 esce *Storie di ordinaria follia*, uno dei libri più noti dell'autore. Copertina rigida con sovraccoperta illustrata e un aspetto finalmente più sfarzoso. Infatti è la più collezionata e ben valutata (fino a 100 euro).

Belle anche le copertine delle edizioni successive, sempre diverse e sempre molto originali.

Per concludere in bellezza l'elenco delle sue edizioni più ricercate cito *Una mappa per l'inferno,* una raccolta di racconti e romanzi edito da Sugar nel 1981. L'edizione si presenta molto invitante, rilegata e con sovraccoperta recante il ritratto di Bukowski e la sua valutazione va dai 40 ai 70 euro.

Infine, se volete qualche notizia in più sui libri di Bukowski in Italia vi consiglio di leggervi uno dei più bei libri sulle censure in Italia di cui ho già scritto sul mio blog: *Maledizioni* di Antonio Armano[110].

---

[110] Rizzoli 2014

Collezionismo Beat in Italia

Del movimento letterario della *Beat Generation,* che nacque verso la fine degli anni Cinquanta, saprete già molto immagino... ma forse non avete mai affrontato l'argomento in termini collezionistici, individuando uno ad una le sue rarità più significative e le relative valutazioni.

Un po' di anni fa ho cercato di colmare questa mancanza in un paio di post interamente dedicati ad esso, aggiungendo anche qualche chicca italiana. Spero vi troviate spunti interessanti per possibili raccolte future.

Il "manifesto" del movimento Beat[111]

Eccoci arrivati al primo appuntamento con le rarità italiane della letteratura Beat americana!

La data di nascita della letteratura Beat è segnata dall'uscita nel 1957 del libro del romanziere Jack Kerouac *On the road,* che rispecchia tutte le caratteristiche e, se volete, i *cliché* del movimento: voglia di libertà, di scioglimento delle regole del mondo intellettuale e crisi generazionale con il conseguente ripiegamento individualistico. In una parola: *bohème* del secolo XX.

Come sottolinea Vito Amoruso, autore di un testo utile per avere un'infarinatura rapida sul movimento: *La letteratura beat americana*[112], si trattò più di un fenomeno di costume legato alla società da cui gli scrittori volevano rifuggire. Infatti i primi ad interessarsi di loro furono gli psicologi e in seguito la

---

[111] Post del 21/10/2013
[112] Laterza 1969

televisione e i media in generale.

Per chi invece si accingesse ad approfondire l'argomento con maggiore introspezione i libri di Fernanda Pivano sono d'obbligo, come ad esempio *C'era una volta un beat: 10 anni di ricerca alternativa*[113]. Ed è proprio da questo testo che voglio iniziare, utilizzandolo come base dati per tutta una serie di informazioni bibliografiche e storiche.

La forza di questo testo (io possiedo l'edizione Frassinelli) è la presenza di numerose fotografie inedite di proprietà dell'autrice, che rendono la lettura anche molto piacevole.

La Pivano ebbe il glorioso merito di introdurre i Beat in Italia negli anni Sessanta, lottando contro pregiudizi, censure e scetticismo generale nei loro confronti e andando personalmente a conoscerli, stringendo con loro un rapporto di profonda amicizia.

Fu lei a tradurre e far pubblicare - facendo da tramite tra l'autore e l'editore - una lunga serie di testi inediti dei membri del gruppo e una preziosa antologia intitolata *Poesia degli ultimi americani*, oggi valutata dagli antiquari sui 30-40 euro.

All'interno vi inserì un foglio sciolto ripiegato contenente la famosa poesia figurata di Gregory Corso *Bomb,* il primo vero manifesto ispirato alla minaccia della bomba atomica. Questo inedito spesso risulta mancante e quindi se si ha la fortuna di ritrovarlo nel testo il valore della raccolta è maggiore.

La bibliografia italiana di Gregory Corso risulta ad oggi pressoché introvabile, a partire dal raro e bellissimo *Benzina,* edito da Guanda nel 1969. Questo piccolo libriccino talvolta supera i 60 euro in asta.

Un'altra rarità è il testo *In quest'epoca inceppata,* edito dalla sconosciuta Zero nel 1988 e attualmente irreperibile su tutti i fronti...

Buona caccia!

---

[113] Arcana 1976

William Burroughs[114]

Tra tutti gli scrittori Beat (anche se non amava definirsi tale) William Burroughs fu il più dannato e irrequieto. Lungo tutti gli ultimi cinquant'anni di vita fece uso pesante di droghe, si legò al mondo degli spacciatori, per guadagnarsi la droga rapinò e, per errore, si macchiò pure di uxoricidio.

Tutto questo traspare in quasi tutte le sue opere, che sono prevalentemente autobiografiche e parlano spesso di droghe, come ad esempio il suo primo romanzo *Junkie*, uscito in America nel 1953 e in Italia nel 1962 per Rizzoli.

L'opera che lo consacrò scrittore di fama mondiale fu invece *Naked Lunch*, uscito nel 1958 su caldeggiamento degli amici Ginsberg e Kerouac.

Le edizioni italiane di Burroughs sono tutte straordinarie.

Pubblicate prevalentemente dalla casa editrice Sugar, nota per le sue scelte audaci e sempre d'avanguardia, ad oggi sono quasi tutte rare o introvabili.

Il più raro sembra essere proprio *Il pasto nudo*, soprattutto nella prima edizione del 1964, ma anche in quella successiva del 1970. Ma risultano ricercati anche *La morbida macchina, Nova express, Le lettere dello Yage* e *Il biglietto che è esploso*.

Provate ad esaminare le loro copertine con attenzione: non vi sembrano insolitamente moderne e anticonvenzionali? Ovviamente prevale la scelta di rappresentare il suo volto, come cenno all'autobiografismo delle sue opere.

Credo che la Sugar abbia fatto davvero un ottimo lavoro, tra l'altro stampando tutta una serie di opere correlate a temi underground e scabrosi come droghe psichedeliche e molto altro, di cui scriverò in futuro.

---

[114] Post del 7/11/2013

Allen Ginsberg[115]

Siamo giunti al terzo appuntamento con le rarità Beat, questa volta con il personaggio in qualche modo considerato "il guru" e il più feroce sostenitore del movimento: Allen Ginsberg.

Il santone, il sensibile e il profondo. Per parlarne viene in soccorso nuovamente Fernanda Pivano, che nel libro da me citato nel primo appuntamento Beat viene menzionato molto spesso e l'autrice descrive con dovizia di dettagli i momenti trascorsi con lui.

L'incontro di Ginsberg con gli altri scrittori Beat avvenne intorno alla fine degli anni Quaranta, quando studiava alla Columbia University nel New Jersey. Di grande importanza fu l'influenza subita da William Burroughs, soprattutto dal punto di vista culturale.

Lo scrittore più anziano di lui gli fece conoscere i grandi scrittori europei ma anche i codici Maya e molto altro che, assieme alle conoscenze nel campo della poesia che già coltivava, contribuì a creare il suo personaggio.

La raccolta di poesie in assoluto più nota di Ginsberg è *Howl*, pubblicata nel 1956 in sole mille copie dall'editore di culto Lawrence Ferlinghetti, scrittore e gestore della leggendaria libreria underground *City Lights* di San Francisco.

A causa dei termini osceni contenuti nelle poesie Ferlinghetti ebbe molti problemi e il libro fu sequestrato nel 1957. Fortunatamente gli intellettuali statunitensi si riunirono in sua difesa denunciando le autorità e ottenendo la ristampa del libro.

...inutile dire che oggi quest'opera è valutata sulle svariate migliaia di euro anche per il numero esiguo delle copie

---

[115] Post del 6/12/2013

stampate e per la questione del sequestro.

Anche in Italia la nostra Fernanda Pivano riscontrò dei problemi e dovette faticare per far conoscere al pubblico italiano questo testo, superando l'intransigenza e la censura della Mondadori che le contestava addirittura la disposizione della punteggiatura.

L'edizione italiana uscì nel 1965 con il titolo *Jukebox all'idrogeno* scelto personalmente da Ginsberg che aveva rifiutato la versione della Pivano "Poesie come urlare".

Nell'introduzione inserì la seguente dichiarazione: "*Il giudice Horn, che si trovò a dirimere la questione* (del sequestro, ndr.), *si conquistò un'enorme popolarità tra gli intellettuali stabilendo che Howl è una denuncia contro il materialismo, il conformismo e la meccanizzazione che minacciano l'America moderna spingendola verso la guerra; e come tale ha significato sociale e dunque non importa se può venir considerata oscena.*"[116]

In Italia l'accoglienza del libro fu tiepida ma non assente: Angelo Pezzana gli dedicò la vetrina della sua libreria *Hellas* di Torino, che lentamente si specializzò nell'*underground* americano. Mentre nel 1966 le poesie furono introdotte a Roma da Giuseppe Ungaretti.

Al momento il libro è valutato dai 40 ai 50 euro se completo di sovraccoperta.

Beat in Italia[117]

Il quarto appuntamento Beat non poteva che essere dedicato all'Italia.

---

[116] F. ivano, introduzione a *Jukebox all'Idrogeno*, p. 8
[117] Post del 27/1/2014

Nel nostro paese il movimento Beat fu strettamente legato ai dissidenti politici, che a partire dalla metà degli anni Sessanta contestarono ogni tipologia di potere organizzato.

Uno degli strumenti più fecondi delle loro ideologie fu l'editoria *underground*, introdotta in Italia per la prima volta proprio in quegli anni. Come spiega Matteo Guarnaccia nel suo *Beat e mondo Beat* (che consiglio vivamente per il ricco apparato fotografico), negli anni '60 "*la libertà di espressione era un concetto molto, ma molto vago, e i controlli su qualsiasi cosa stampata erano severi (...)*".[118] Quelli che volevano far circolare le proprie idee, spiega il critico, dovevano quindi inventarsi innumerevoli espedienti per arrivare al pubblico.

Uno di questi era mutare più volte il nome delle testate, per cui ad esempio Urlo Beat divenne Grido Beat e poi ancora Urlo e Grido Beat.

La testata più importante fu sicuramente *Mondo Beat*, primo vero esempio di pubblicazione *underground* in Italia secondo Guarnaccia, che uscì nell'ottobre del '66 a Milano. Proprio qui si trovava la "sede"- per così dire - dell'omonimo movimento che si riuniva "sotto la statua del pirla a cavallo" (cit.) vicino al Duomo.

I protagonisti furono Vittorio Di Russo (il fondatore), Melchiorre Gerbino, Umberto Tiboni e Renzo Freschi, assieme ad altri collaboratori come il disegnatore ufficiale Giorgio Tavaglione, che fu uno dei primi a utilizzare in maniera creativa l'eliografia per produrre multipli, o addirittura Guido Crepax.

In tutto uscirono sette numeri fino al '66, quattro dei quali furono sequestrati. Il primo uscì in 800 copie ciclostilate, distribuite a mano per strada... Potete quindi capire quanto sia un miracolo se qualche copia sia pervenuta sino a noi, e giustificherete di conseguenza anche la sua valutazione alta.

---

[118] Stampa Alternativa, 2005, p.197

Tra i più rari, il noto numero dedicato all'incarcerazione del direttore Vittorio Di Russo, che viene riprodotto in copertina. Come tutti i numeri della rivista risulta molto raro.

Ma di gruppi guidati dai leggendari "capelloni" ce ne furono moltissimi e con il tempo la critica ci munirà sicuramente di una panoramica più esaustiva e finalmente degna, che farà luce anche sul panorama dell'editoria in quegli anni. Forse i tempi non sono ancora maturi e certe ferite sono ancora aperte!

Raccogliere gialli d'epoca

Il capitolo che segue riguarda i gialli d'epoca, una passione che non coltivo da molto tempo e di cui so ancora poco, ma mi affascina molto.

Sarà per le copertine illustrate, sarà per l'argomento scabroso per gli anni in cui uscirono, tant'è che li ricerco sempre e non posso fare a meno di acquistarli quando li vedo nelle bancarelle. E capita sempre meno di frequente di trovarli.

La maggior parte delle collane cosiddette "minori" (non Mondadori ad esempio) sono molto rare, soprattutto quelle precedenti agli anni Cinquanta, epoca che fa un po' da spartiacque per quanto riguarda questo genere.

Tuttavia alcuni titoli di esse sono molto ricercati e alcuni no, e ciò sembra non dipendere sempre dalla fama dell'autore. Un grosso ruolo gioca soprattutto il fatto che un dato collezionista stia cercando qualcosa che ancora manca alla propria raccolta, e per cui è disposto a spendere tanto.

Infine, ripeto per l'ennesima volta che la presenza della copertina originale, quasi sempre illustrata, è assolutamente necessaria.

Il giallo d'epoca in Francia[119]

Di recente mi sono addentrata in ambito francese, dove il giallo venne introdotto molto prima che da noi.

Immaginate di vedere questi romanzetti negli scaffali delle librerie di primo Novecento, tra volumi tardo Ottocento in

---

[119] Post del 21/1/2016

brossura dall'aspetto *demodé* e privi di fascino. Sicuramente l'attenzione dei lettori veniva attirata da queste stupende copertine colorate e piene di mistero.

Il primo romanzo poliziesco della casa editrice Ferenczi - molto nota nell'ambito del giallo - sembra sia uscito nel 1916, nella collana Le Petit Roman Policier illustrata da Gil Baer in formato ottavo piccolo. Di tanti titoli si sa poco o niente, gli autori erano tutti francesi e non mi risulta che ci siano state traduzioni successive in altre lingue.

Cessò nel 1927, per poi diventare nel 1932 Police et Mystère, con titoli altrettanto rari.

Nella collana Petit uscì anche uno dei ricercatissimi primi Georges Simenon, sotto lo pseudonimo di Christian Brulls. E ciò conferisce alla raccolta maggiore pregio.

Per quanto riguarda le valutazioni, non tutti si pagano cari e non so ancora dirvi con che criterio dovreste muovervi. Certamente la datazione conta, ma non solo. Anche fattori di collezionismo come numeri mancanti a una certa persona hanno il suo ruolo, come anche le copertine.

Ad esempio il titolo di Chazel, *Le squelette d'auteuil*, recante uno scheletro in copertina, è valutato sui 40-50 euro proprio per il tema della morte. Mentre *L'aiguille qui tue di Vigier* è in vendita a 10 euro.

Le gioie del collezionismo[120]

Oggi vi parlo di uno straordinario libro poliziesco realizzato dallo scrittore Dennis Wheatley (Londra 1897-1977) e ideato da J.G. Links, che uscì come supplemento del numero 95 dei Gialli Mondadori. Si intitola *Un delitto al largo di Miami* ed è

---

stato stampato dalla Mondadori nel 1937.

Dennis Wheatley fu uno scrittore di grande successo che si cimentò prevalentemente in gialli e horror, anche se i suoi primi libri in Italia si trovano nelle Palme Mondadori (collana dedicata ai romanzi popolari) e nella collezione di fantascienza Urania (*Minaccia occulta*, 1953).

Tuttavia il libro più interessante dello scrittore è questo giallo dall'impianto narrativo curiosissimo, che permette al lettore di entrare nel vivo delle indagini. Al libro, infatti, sono allegati documenti, fatture, fotografie e addirittura capelli e reperti raccolti sul luogo del delitto, conservati in una busta la cui mancanza pregiudica di molto il valore del libro.

Personalmente non ne ho mai vista una copia dal vivo, ma deve essere davvero di effetto per un amante del giallo.

Le valutazioni vanno dai 100 ai 250 euro nonostante il titolo non sia raro, al pari più o meno dell'edizione originale inglese, che si presenta praticamente identica. Mi è parso molto strano che questa edizione sia valutata così poco, a differenza di altre originali di Wheatley che arrivano a 1000 sterline.

Un caso simile in Italia ci fu e fu isolato: *L'uomo venduto 5 volte* del misterioso Michele Car (uno pseudonimo), pubblicato da Corbaccio 1938 e a detta degli esperti non raro. Anch'esso conteneva alcuni facsimili ripiegati delle indagini e alcune immagini. A mio avviso, andrebbe rivalutato.

Alcune prime di Romualdo Natoli[121]

Come promesso torno a parlare di giallo italiano d'epoca, un argomento che mi appassiona molto e che sto scoprendo piano piano leggendo tutto ciò che riesco a trovare in merito.

---

[121] Post del 30/7/2015

Uno degli autori più collezionati - e di conseguenza più costosi - in assoluto è Romualdo Natoli.

A differenza ad esempio del padre del giallo italiano Augusto De Angelis (1888-1944), che è stato in gran parte ristampato dalla Sellerio e altri editori, i libri di Natoli sono ormai quasi tutti introvabili perché mai riapparsi in libreria dopo la prima edizione.

Nemmeno su Wikipedia troverete qualche rigo a lui dedicato, nonostante sia stato uno dei giallisti più attivi all'epoca.

Questo perché aderì al fascismo e accettò di adattare i suoi libri alle richieste del regime che, come ho scritto nel post di cui sopra, volle introdurre il genere poliziesco in Italia epurandolo delle "cattive" influenze di quello americano.

Il risultato fu disastroso: cattiva (spesso antisemita) e banalissima letteratura di poco successo che non riuscì a spodestare mostri sacri come Agatha Christie o Edgar Wallace.

Ma torniamo a Natoli. Tra i suoi maggiori successi gialli *Il mistero del poligono* (Nerbini, 1941), *Il marchio di Giuda* o *L'uomo e la folla* (entrambi Nerbini, 1941), collezionatissimi ma solo se completi di copertina originale. Natoli scrisse anche romanzi d'avventure e saggi, ma è ricercato solo ed esclusivamente come giallista.

Le valutazioni variano a seconda della bramosia del collezionista, ma spesso superano i 70/80 euro.

Interessante anche tutta la produzione sotto innumerevoli pseudonimi, stampati soprattutto dopo la guerra, quando evidentemente doveva "ripulirsi" il nome...

Simenon nelle riviste d'epoca studiato dalla Torre di Babele[122]

La sorpresa più bella del mese è stata quella di trovare nella cassetta della posta una bellissima rivista omaggiatami dall'Associazione Culturale Torre di Babele di Castiglione dei Pepoli in provincia di Bologna, di cui ho già scritto in passato.

Per il primo numero della neonata rivista - acquistabile online - i due fondatori dell'associazione, Giuseppe Cecconi e Antonio Vianovi, hanno scelto un argomento davvero non facile: le edizioni di Simenon nelle riviste italiane.

Come saprete, il giallista e romanziere francese Georges Simenon apparve in Italia molto presto e con un successo pressoché immediato. Tante furono le riviste che ospitarono i suoi racconti, a partire dal noto quindicinale degli anni '20-'30 *Le grandi firme*, dove possiamo trovare anche esordi ad esempio di Pitigrilli o altri scrittori poi divenuti a famosi, fino ad arrivare alle più recenti riviste di moda come *Grazia*.

Il loro sforzo è stato davvero notevole, anche perché spesso Simenon firmava con pseudonimi e, come potete immaginare, non sempre esistono repertori che indichino con precisione il contenuto dei racconti nelle riviste.

Il tutto è arricchito dall'apparato delle immagini, che fanno da protagoniste e ci danno un'idea della varietà di interpretazioni grafiche dei libri di Simenon nel tempo.

Un complimento, quindi, ai due "valorosi" per questo gioiellino che aiuterà sicuramente i collezionisti del giallista a completare le loro raccolte, ma anche gli appassionati a sapere qualcosa in più su di lui.

---

[122] Post del 28/6/2016

Edgar Wallace e le sue prime edizioni in Italia[123]

Non è facile addentrarsi nella "selva oscura" delle edizioni italiane del giallista Edgar Wallace.

La sua produzione fu sterminata, come anche le sue pubblicazioni in Italia.

Solo la Mondadori, negli anni Trenta, pubblicò più di settanta suoi libri, tra cui il leggendario *L'uomo dai due corpi*, che assieme a *La strana morte del signor Benson* di S.S. Van Dine e *Il club dei suicidi* di R.L. Stevenson introduce il genere del giallo in Italia.

Selvaggia fu poi la ristampa dei suoi successi, come si sottolinea in uno dei più bei cataloghi dedicati al giallo d'epoca[124], e ciò riguardò soprattutto quei testi che esulavano dal contratto con la casa editrice Hodder and Stoughton di Londra. Wallace viene quindi stampato dalla Bietti, dalla S.A.C.S.E., dalla Mediolanum e da molti altri editori minori.

Infine ho notato che risulta difficile individuare le sue edizioni più ricercate, anche perché spesso capita che un libro sia raro ma per qualche ragione non ricercato dai collezionisti italiani di Wallace.

A chi volesse iniziare a collezionare questo amatissimo autore, risulterà dunque difficile capirne le dinamiche: cosa tenere, cosa è raro, cosa non va.

Personalmente di lui amo molto le edizioni non Mondadori, dalle bellissime illustrazioni in copertina. Se mancante, il libro si deprezza pesantemente.

Navigando nel web ho trovato una rara edizione de *La casa*

---

[123] Post del 17/2/2015
[124] Renzo Cremante [a cura di], *Le figure del delitto. Il libro poliziesco in Italia dalle origini a oggi*, Grafis, Casalecchio di Reno 1989

stregata, uno dei maggiori successi dell'autore, che risulta di difficile reperibilità anche se non si tratta di una prima.

Difficile da trovare pure *Il delitto di Knightsbrige*[125], notevole per la bella copertina illustrata e per l'errore nel titolo (Knightsbridge).

Curioso che anche le ristampe successive di quest'opera fino agli anni Novanta abbiano valutazioni piuttosto alte.

Carolina Invernizio: preistoria della detection italiana[126]

Maurizio Pistelli nella sua storia del giallo italiano la classifica come "preistoria" della *detection* italiana, assieme a scrittori come Jarro o Cletto Arrighi che, accanto alla produzione di romanzi d'appendice e di intrattenimento, si dilettavano anche nella scrittura di novelle di *suspence* a sfondo delittuoso.

Il primo giallo italiano viene stampato dalla Mondadori nel 1931 con il titolo *Il sette bello* ad opera di Alessandro Varaldo, dalla copertina gialla che darà il nome al genere. Ma prima di esso abbiamo dei prodromi molto interessanti, come appunto Carolina Invernizio.

I libri di Carolina Invernizio (Voghera 1851 – Cuneo 1916) si classificano come "letteratura popolare" ed ebbero un notevole successo di pubblico.

Verso la fine dell'Ottocento anche i ceti meno abbienti, e soprattutto le donne, iniziavano ad intrattenersi con la letteratura e questa scrittrice allietava le loro giornate tenendoli incollati alla poltrona.

Mi piace immaginare una bella donna seduta al camino con

---

[125] Giachini, I Romanzi del Triangolo Giallo 1953

[126] Post del 19/1172014

uno dei libri della Invernizio in mano, libro che poi attraverserà i secoli pervenendo fino a noi intatto e pulsante di storia.

In realtà le sue edizioni originali, prevalentemente edite dalla Salani, sono sempre più rare. Questo *in primis* per la scarsa qualità della carta su cui venivano stampate che disfaceva il libro a brandelli, ma anche per il collezionismo che interessa questi librini, in special modo quelli di genere poliziesco.

Il testo che vi propongo è citatissimo dalle bibliografie sul giallo e consacra definitivamente la figura singolare della donna poliziotta da lei inventata, che porta il nome di Nina Palma. Il titolo è *Nina la poliziotta dilettante*[127] e dello stesso libro esistono altre tre edizioni, sempre della Salani, rispettivamente del 1911, 1917 e 1920. Ma potrebbero esserci state altre ristampe non registrate da SBN, il catalogo nazionale.

Per quanto riguarda le valutazioni al momento non sono riuscita a reperirne, ma credo che una buona copia non si trovi a meno di 70 euro, se non di più.

---

[127] Salani 1909

Arte contemporanea e relative rarità

Di arte contemporanea potrei parlare per ore. Adoro visitare le mostre, le Biennali a Venezia e divorare le riviste specializzate appena escono.

Si è trattato della mia prima vera passione, quando i miei compagni di classe ancora ignoravano cosa fosse la Biennale (nonostante si trovasse a pochi chilometri dalla mia città) e se pronunciavi nomi come Maurizio Cattelan strabuzzavano gli occhi.

Come succede con i libri, la passione per l'arte è una "malattia" da cui vieni affetto e non puoi farci granché per farla guarire. Ti prende e non ti lascia più.

Al principio mi interessava solo come puro piacere visivo, in seguito mi interessò anche per quanto riguarda le sue produzioni editoriali, che in questo campo sono quanto mai succose e godevoli alla vista.

Qui avete una selezione degli artisti che ho più amato e di cui in parte ho raccolto le relative pubblicazioni. Di alcuni forse sentirete parlare per la prima volta, di altri forse scoprirete qualcosa in più.

Le rarità di Maurizio Cattelan: Toilet Paper[128]

Alcuni di voi probabilmente mi prendono per matta quando consiglio l'acquisto di alcuni libri o riviste di arte contemporanea al fine di "investire" in possibili rivalutazioni nel breve o lungo termine.

---

[128] Post del 1/7/2015

Certo, non sempre si va sul sicuro e talvolta alcuni artisti non raggiungono la fama prevista.

Tuttavia nella maggior parte dei casi, se un personaggio ha fatto un certo numero di mostre presso musei e gallerie importanti e inizia ad apparire di frequente nelle riviste specializzate, è quasi certo che tutti i suoi cataloghi ed *ephemera* saliranno di prezzo.

Nel 2010 era possibile acquistare la rivista *Toilet Paper* gestita dalla superstar dell'arte Maurizio Cattelan presso le normali librerie online a circa, se ben ricordo, 10 euro. Si tratta di un formato A4 interamente fotografico, dalla grafica strepitosa e fortemente provocatoria.

Oggi la si vende a 500 euro, in soli 5 anni.

Anche i successivi numeri sono ricercati e sono valutati a seconda dell'anno di uscita (numero 2 più costoso del 3 ecc.).

Le rarità di Maurizio Cattelan: un pieghevole del 2007[129]

Di Maurizio Cattelan ho già scritto spesso, soprattutto in merito al suo raro primo catalogo/libro d'artista d'esordio del 1989[130]. Ad oggi rimane uno dei più importanti artisti italiani del nostro secolo e la recente retrospettiva al Museo Monnaie di Parigi lo conferma.

Oggi vi parlo di un suo pieghevole realizzato nel 2007 per la mostra al MMK Museum di Francoforte venduto di recente su Ebay a più di 200 euro, con 36 offerte.

Il volantino veniva descritto così dal venditore: "*Intervento originale e rarissimo di Maurizio Cattelan composto da busta,*

---

[129] Post del 25/10/2016
[130] Vedi più avanti

lettera e pieghevole-invito con carta da gioco "Cattelan MMK - Plastic Coated", (...)

Mentre in un articolo di *Flash Art* n°267 del 2008 di Udo Kittelmann (curatore della mostra) lo commentava così: "*Da quel momento in poi gli altri interventi sono seguiti con un ritmo più incalzante. Proprio nei giorni a cavallo delle inaugurazioni di Venezia, Basilea e Kassel, in tutto il mondo è stata recapitata una lettera inviata dal Casinò di Monte Carlo con l'invito — da parte di Daniel Birnbaum, Maurizio Cattelan e Udo Kittelmann — di recarsi a Francoforte il giorno precedente l'inaugurazione di Documenta. Oltre all'invito, la busta conteneva una carta da gioco con un jolly, il cui volto può ricordare quello di Cattelan. La lettera, però, era stata intenzionalmente spedita all'ultimo momento e nella maggior parte dei casi non è giunta in tempo a destinazione. Ciononostante, l'invito si è propagato e la carovana dell'arte ha deviato su Francoforte, nel tragitto da Basilea a Kassel.*"

Una pratica - questa di inviare a casa inviti e volantini scherzosi - diffusa a partire dagli anni Sessanta, quando l'arte diventa anche gioco, burla, azione inaspettata. E sono felice che stia riscuotendo entusiasmo presso i collezionisti.

La superstar della fotografia Cindy Sherman[131]

Le quotazioni della fotografa americana Cindy Sherman sono ormai alle stelle (i record arrivano a cinque zeri), nonostante sia ancora poco conosciuta dalla massa e nonostante sia attiva dagli anni Novanta.

Sull'ultimo numero di *Arte* si consiglia di mettersi alla ricerca della sua produzione fotografica precedente al Duemila, che si

---

[131] Post del 9/3/2016

può reperire ancora a cifre "normali".

Si parla comunque di 10/20 mila euro, anche se credo che ogni tanto ne spunti qualcuna a meno presso librai antiquari o privati.

In un'ottica notevolmente ridimensionata, vediamo dunque così si può ancora acquistare della Sherman in cartaceo.

In realtà molto, stranamente. E pure a prezzi abbordabili, quasi tutto edito da Schirmer & Mosel.

Molti di questi cataloghi vedrete proposti a prezzi folli nel web, ma cercando bene si possono comprare anche a 30/50 euro. Come ad esempio questo del 1982, che a quanto pare si tratta del primo catalogo prodotto in occasione della mostra allo Stedelijk di Amsterdam. Dello stesso anno risulta anche quello alla Galerie Deja Vu, anch'esso reperibile con facilità e a poco.

La sua prima mostra però avvenne nel 1980 in uno spazio non commerciale di New York chiamato The Kitchen, occasione in cui non si sa se venne prodotta una *brochure*.

L'unica rarità della Sherman per ora è il suo primo, raro, catalogo (ad oggi non ne ho ancora vista una copia in vendita) che risale allo stesso anno, edito dal museo di arte contemporanea di Houston.

Le rarità di Luigi Ontani[132]

Quando si parla di rarità bibliografiche legate all'arte contemporanea, è impossibile non citare quelle di Luigi Ontani. L'arte di Luigi Ontani è contrassegnata dall'autobiografismo e dall'auto-citazionismo, spesso inserito in contesti orientali, nonostante sia nato a Grizzana Morandi, in provincia di Bologna. La sua immagine, proposta in molteplici variazioni e

---

[132] Post del 20/5/2013

abbigliata in molteplici varietà di costumi, è sempre protagonista.

Lo stesso discorso vale anche per le sue produzioni librarie, come ad esempio *Acervus*, stampato in India nel 1978. La copertina reca semplicemente la sua persona travestita da Dante Alighieri (tutta l'arte di Ontani è incentrata sul travestimento) dentro un ovale. Si tratta di un libriccino con immagini fotografiche che ritraggono l'artista nelle vesti di figure mitiche o storiche, alternate a immagini di sue *perfomance* a corpo nudo.

L'aria d'Oriente, certamente dovuta al luogo di stampa del libro, è fortemente percepibile fin dalla scelta del colore della copertina, come nota Giorgio Maffei descrivendolo in un recente e importante catalogo collettivo. Il libro non è rarissimo - il numero di copie stampate ammonta a 2500 - ma le valutazioni sono sempre molto alte (intorno ai 300 euro).

Molto più raro e stampato cinque anni prima, il catalogo della prima significativa mostra personale dell'artista del 1970 alla galleria San Fedele, che verrà successivamente allestita a Torino da Franz Paludetto e a Verona alla Galleria Ferrari.

Cito dal commento dello Studio Bibliografico Marini, che l'ha posto in vendita: "*L'Artista esponeva gessi colorati, oggetti di cartone scanalato da imballo e di gommapiuma rosa e azzurra. I colori prescelti per l'allestimento alludevano al maschile e al femminile e al gioco ambiguo dell'androginia.*" Al momento online vi è disponibilità di due sole copie, entrambe a 110 euro circa, con scarsa possibilità che ne appaiano altre in tempi brevi.[133]

Il terzo e altrettanto raro libro di Ontani, curiosissimo e molto eccentrico, è *L'Onfalomane*, risalente sempre agli anni cruciali della sua carriera artistica. Uno straordinario catalogo-libro

---

[133] Ad oggi, data in cui sto redigendo questo libro, anche le due restanti copie sono scomparse ed è diventato pure raro

d'artista con numerose immagini di Ontani a piena pagina e testi poetici dell'artista.

Le copie attualmente in vendita online sono due, entrambe a più di 150 euro (rispettivamente sui siti Abebooks e Maremagnum). Tuttavia, la probabilità che rispuntino altre copie è piuttosto alta, visto che il libro è stato stampato in 2000 esemplari.

Con questo breve post non ho voluto certo tracciare un panorama esaustivo della produzione libraria di Ontani, che si protrae lungo gli anni Ottanta e Novanta con non poco successo. Ho voluto soltanto indicare quelli che, secondo il mio modesto parere, sono i più interessanti e significativi.

Curiosità dalla Biennale 2015[134]

L'ultima Biennale di Venezia mi è piaciuta molto, come sempre.

Non so spiegare il perché... si respira sempre un'aria internazionale e molto all'avanguardia, potendo finalmente immaginare di essere in luoghi come New York o Parigi dove l'arte contemporanea è realmente di casa.

Una delle opere che mi hanno colpito di più è stata un'installazione dell'artista australiano Marco Fusinato. Si trattava di un tavolo molto largo delimitato da pile di copie di un librone recante una banconota da dieci euro stampata ai piatti, che corrispondeva alla somma minima da lasciare in mezzo al tavolo per portarsi a casa il libro.

L'idea era carina, ma non sarebbe bastata a convincermi se all'interno non ci fosse stata una sorta di sintesi in immagini dell'editoria italiana militante autoprodotta a partire dagli anni

---

[134] Post del 5/11/2015

130

Settanta in possesso dell'archivio Primo Moroni di Milano.

Per ora vi dò l'esempio dalla nota critica d'arte militante Carla Lonzi, qui rappresentata con *Sputiamo su Hegel*, sorta di manifesto della rivolta femminile di quegli anni. L'edizione riprodotta nel catalogo è la seconda del 1974, la prima si aggira intorno ai 100 euro.

Ma merita l'attenzione anche una "riedizione" speciale di Lewis Carroll[135], in realtà compilata da un gruppo di militanti siciliani che propugnarono la lotta per la liberazione nazionale nel 1979. Chicca da 90 euro che con il tempo si farà sempre più ricercata e rara, essendo stata stampata in un numero credo minimo di copie.

Un libro d'artista di Francesca Woodman[136]

Francesca Woodman (Denver 1958 - New York 1981) fu una fotografa statunitense dalla vita breve ma intensa, che ha lasciato un profondo segno nella fotografia mondiale.

Immagini intimiste, in bianco e nero, prevalentemente incentrate sulla propria person o su soggetti femminili: questa la sua arte, che nelle aste mondiali viene battuta a cifre da capogiro.

Il libro che vi propongo è stato concepito come una sorta di *notebook* molto sofferto, ricolmo di annotazioni e scarabocchi alternati a 16 fotografie originali alla gelatina d'argento. Il concetto cardine è l'introduzione alla geometria euclidea, anche se è molto di più.

Si intitola *Some Disordered Interior Geometries* ed è l'unico

---

[135] Titolo e autore in copertina sono volutamente e provocatoriamente gli stessi

[136] Post del 5/3/2014

che abbia realizzato e pubblicato nello stesso anno della sua morte nel 1981, avvenuta per suicidio. Da qui la sua importanza e la sua valutazione molto alta: una sua copia anastatica è salita nella vetta dei libri più venduti da Abebooks nel 2013 (17.500 dollari).

Segno che i libri fotografici stanno conquistando una fetta di pubblico sempre più ampia, sulla scia del generale interesse per la fotografia di cui ho già scritto e scriverò ancora.

La casa editrice d'arte Something Else Press[137]

La *Something Else Press* viene fondata da Dick Higgins nel 1964, di poco successiva alla rottura da parte di questi con il movimento *Fluxus*, in particolare con il suo leader, George Maciunas.

L'evento viene accompagnato da una rivista, la "Something Else Newsletter", che di volta in volta annuncia i titoli editi e nel cui primo numero esce il famoso saggio di Higgins "Intermedia", un tentativo di chiarire i fenomeni artistici contemporanei, che secondo l'autore sono riconducibili al concetto appunto di *intermedia*, ovvero di una mescolanza di discipline e codici linguistici provenienti da molteplici campi artistici, che si fondono in "qualcosa di diverso", *something else*. Un esempio, secondo l'autore, è rappresentato dalla poesia visiva: il risultato della fusione tra letteratura e arti visive, o dalle sperimentazioni della musica d'avanguardia dell'americano John Cage.

I libri editi da Higgins hanno una veste editoriale tradizionale e vengono diffusi in ampie tirature - in polemica con la predilezione per l'esemplare unico nutrita da Maciunas -

---

[137] Post del 7/2/2013

rimanendo nel contempo artisticamente e concettualmente innovativi.

Tra il '64 e il '74, data di chiusura della casa editrice per motivi di salute di Higgins, escono più di 60 titoli[138], tra cui i libri di Higgins stesso, di John Cage, dell'artista *Fluxus* Robert Filliou, del rappresentante del *Nouveau realisme* Daniel Spoerri, di Allan Kaprow e di molti altri artisti vicini a Higgins.

Questi libri sono "qualcosa di diverso", non un testo sulla poetica dell'artista, non una raccolta di litografie, non una biografia. Sono, di frequente, la volontà da parte dell'artista di significare i concetti della propria poetica (come *Chance-Imagery* di George Brecht, 1966) o della propria produzione artistica, come *An anecdoted topography of chance* di Daniel Spoerri (1966), in cui, come in scultura, l'artista ha "mappato" e descritto tutti gli oggetti presenti sulla sua scrivania.

Dick Higgins, interrogato sul significato della scelta del nome, risponde: *"When asked what one is doing, one can only explain it as «something else». Now one does something big, now one does something small, now another bug thing, now another little thing. Always it is something else"*.

Collezionare cataloghi delle Biennali di Venezia[139]

Di recente mi è stato chiesto se i cataloghi delle Biennali di Venezia possano avere un qualche valore particolare in termini collezionistici...

Ora, come ho già avuto modo di affermare, la Biennale è una delle più importanti istituzioni italiane e non solo. Fin dalla sua

---

[138] Per una bibliografia completa si veda *Something Else Press. An annotated bibliography*, MacPherson & C., New York 1983

[139] Post del 4/2/2013

nascita, nel 1895, è stata sempre teatro di dibattiti e polemiche, avvenimenti importanti e complessi. Una sorta di quadro della situazione artistica italiana di una data epoca.

Quindi anche i relativi cataloghi stampati per l'occasione risultano di grande rilevanza e degni di essere oggetto di collezione, anche solo per la curiosità di registrare lo sviluppo e la trasformazione del loro aspetto editoriale.

Il mercato librario, però, non rivolge a questo prodotto un particolare interesse, se non in casi sporadici. In attesa di una rivalutazione, i cultori di questi libroni li raccolgono e conservano con pazienza.

Personalmente mi sono interessata a quelli dagli anni Sessanta in poi, a partire dalla fondamentale Biennale del 1964, occasione in cui irruppe la *Pop art* in Italia che stupì e influenzò non pochi artisti italiani del tempo. Il premio destinato ad un artista straniero verrà assegnato all'artista pop Robert Rauschenberg.

Un'altra non meno importante Biennale fu quella del 1968, investita dai disordini e dai sovvertimenti sociali. In segno di protesta molti artisti decisero di girare le tele contro il muro, come il grande pittore romano Gastone Novelli, che mi è particolarmente caro e che ho reso oggetto della mia tesi magistrale.

Il primo premio, invece, andò alla straordinaria opera dell'artista cinetico Gianni Colombo intitolata *Spazio elastico*.

Come veniva chiarito nel catalogo edito in occasione dell'esposizione dell'opera alla galleria romana *L'Attico* (1968), l'opera consisteva in un "*contenitore cubico praticabile all'interno ripartito in volumi di spazio virtualmente circoscritti da fili tesi di materiale elastico, trattati con colore fluorescente e illuminati da lampade a luce ultravioletta, in questa struttura avvengono, per azione di quattro elettro-motori, delle tensioni a sviluppo orizzontale e verticale e a carattere ritmico che la deformano discontinuamenn-te*

secondo una combinatoria progressiva. I volumi di spazio hanno forma cubica e sono fra loro uguali per una coerente iscrizione nella forma dell'ambiente che li contiene, il visitatore può depassare dall'uno all'altro e all'interno di ognuno è possibile osserva-re quelli adiacenti."[140]
Spazio elastico è stato riproposto alla Biennale dell'anno scorso.

Per concludere questo breve elenco dei cataloghi che ritengo più importanti, voglio citare quello del 1997, chiaramente molto differente da quello dei decenni precedenti.

Il Padiglione Italia venne affidato a Enzo Cucchi, Ettore Spalletti e Maurizio Cattelan, i quali stabilirono un dialogo che simboleggiava tre generazioni di arte italiana, riprendendo il concetto di *Future Past Present*: il leitmotiv della Biennale di quell'anno.

Per l'occasione vennero editi due cataloghi: uno di tipo tradizionale, con le opere esposte, e uno in forma di libro d'artista, con molte pagine colorate prive di testo e una grafica molto innovativa. Quest'ultimo attualmente è reperibile nell'antiquariato per una cinquantina di euro, ma a mio parere è destinato a scomparire presto o ad aumentare di quotazione.

---

[140] Il testo continua sul sito http://flaminiogualdoni.com/?p=9455

Uno dei miei prediletti: il tedesco Carsten Höller[141]

Carsten Höller è un artista che adoro e credo fermamente in una sua futura collocazione nella rosa degli artisti destinati ad entrare nei libri di storia dell'arte.

A metà strada tra installazione e arte ambientale, la sua produzione artistica coinvolge lo spettatore facendolo entrare in un mondo magico e spettacolare. Enormi funghi appesi al soffitto (*Upside-down Mushroom Room*, 2000), grandi giostre con giochi di specchi e luci (*Mirror Carousel*, 2005) o addirittura una piscina (*Psycho Tank*, 1999), inserita in una "camera di 'privazione sensoriale' che genera una strana sensazione di 'uscita dal corpo' grazie a un ambiente surriscaldato e all'uso di sale di epsomite". Questi gli strumenti della sua strepitosa creazione.

Il catalogo che figura nella mia collezione è un testo di carattere ricognitivo, stampato dalla casa nel 2010 con il titolo *Carsten Höller 2001-2010. 184 Objekte, Versuche, Veranstaltungen* dalla casa editrice Hatje Cantz, una vera e propria istituzione per quanto riguarda l'editoria d'arte contemporanea di pregio, che realizza anche libri o stampe in edizione limitata o firmate dall'autore (come in questo caso).

Il suo formato già ne denuncia il suo carattere innovativo: un album di immagini di elevata qualità accompagnate da schizzi progettuali, foto di testi che hanno ispirato l'artista o scritti esplicativi dell'opera. Insomma, un libro che procura piacere già nel maneggiarlo e che si rivela fondamentale per la comprensione della corposa produzione dell'artista.

Una delle questioni più curiose riguardanti la sua poetica artistica è il riferimento al testo *Soma. Divine Mushroom of immortality* di Gordon Wasson, che avrebbe ispirato le sue

---

[141] Post del 26/9/2012

opere con i funghi. L'entomologo americano in questo saggio indaga il mistero del culto Soma, di cui parlano molti scritti sacri, che secondo l'autore sarebbe legato a un particolare fungo allucinogeno, attraverso il quale nell'antichità si pensava di poter accedere al divino[142].

L'interesse per questo mistero è stato così forte nell'artista da spingerlo a pubblicare una raccolta di scritti sull'argomento, dall'Ottocento fino ai giorni nostri, e a interrogarsi sul ruolo della scienza e del mito. Il libro è accompagnato da immagini delle sue installazioni con i funghi.

Oltre a Höller, la questione ha incuriosito molti personaggi, tra cui lo scrittore beat Allen Ginsberg, che è andato addirittura a consultare degli esperti per saperne di più.

Per concludere voglio proporre un suo libro d'artista degli esordi, che ho acquistato di recente su Ebay da un venditore americano specializzato in libri d'arte rari o significativi per quanto riguarda un dato artista. Al momento si trovano ancora alcune copie nel mercato antiquario, ma questo testo appartiene alla categoria di quelli destinati a sparire con il passare del tempo e con l'aumentare della fama dell'artista.

Si tratta di un libro di piccolo formato stampato nel 1996 dalla casa Oktagon, con la copertina che simula una superficie bruciata e un breve scritto in tedesco ad accompagnare il ricco apparato fotografico. Intitolato *Glück / Skop,* riunisce tre cruciali mostre tenute dall'artista nel 1996: al Kunstverein di Amburgo, al Kölnischer Kunstverein del Centraal Museum di Utrecht (queste due sono intitolate *Glück*) e alla Wiener Secession (con il nome di *Skop*).

Adoro acquistare i primi cataloghi di questi grandi artisti, perché ti permettono di respirare un'aria di sperimentazione, di

---

[142] Vedi T. McKenna, *Il nutrimento degli dei. Piante psicoattive ed evoluzione umana*, URRA, Milano 2001

operazione per tentativi e proprio per questo solitamente sono i più ricercati. Anche se per la verità in questo è già percepibile quella che sarà l'impronta distintiva di Höller e il suo straordinario punto di forza: la capacità di creare dal nulla una dimensione "altra", in cui lo spettatore può immergersi e parteciparvi attivamente.

Fucine di idee: Colette a Parigi[143]

Quando si entra in questo ormai leggendario negozio di Rue Saint Honoré, si ha la sensazione immediata di trovarsi in un luogo in cui è concentrato tutto lo scibile del *cult* momentaneo: dalla musica di nicchia, a curiosi oggetti di design, mostre fotografiche di artisti emergenti e edizioni numerate di grande interesse.
Inutile dire che sono quest'ultime a catalizzare la mia attenzione!
L'ultima volta che ci andai mi colpì particolarmente un libriccino in ottavo di colore blu di un fotografo londinese dallo stile eclettico e originale, che mischia immagini dal sapore antico a nature morte molto curiose. Il suo nome è Peter Watkins e il libro si chiama *LES UNS BLESSENT, LES AUTRES TUENT*.
Edito in 50 copie numerate e composto da poche pagine, fa parte di una collana di libriccini di fotografi emergenti tutti uguali nell'impaginazione.
Questi testi hanno la particolarità di presentare una foto originale a laser dell'artista incollata sulla copertina (nel testo la cosa non è dichiarata, ma io avevo accanto un fratello molto esperto di fotografia!). Un oggetto davvero interessante, edito

---

[143] Post del 26/8/2012

da una casa editrice, la francese JSBJ, che promuove l'arte della fotografia.

Purtroppo io me lo sono fatta sfuggire a causa del solito "torniamo a prenderlo dopo".

Per gli indecisi e gli smemorati, se si ha la fortuna di trovarlo ancora disponibile, esiste il negozio online dal quale è possibile acquistare tutta la merce esposta nel negozio.

Consiglio vivamente di tenere d'occhio questa macchina di sogni che è Colette. Non solo per i libri, ma anche per i nuovi talenti della pittura, della fotografia, della musica e di tutto quello che fa tendenza, ma che grazie alla sua qualità, forse avrà modo di sopravvivere a questi tempi di consumismo e sovrapproduzione.

Una sola data d'uscita per due rarità-culto[144]

Due artisti di fama indiscutibile, un'unica data di uscita - il 1989 - di due testi fondamentali e ricercatissimi.

Il primo è di Rudolf Stingel, *INSTRUCTIONS / ISTRUZIONI / ANLEITUNG / MODE D'EMPLOI / INSTRUCCIONES* edito da Massimo De Carlo a Milano. Il secondo *Biologia delle passioni* di Maurizio Cattelan, edito da Essegi a Bologna nello stesso anno.

Il fatto che siano ricercati ho potuto constatarlo di persona sia su *Anobii.it* che su *Academia.it* inserendoli come testi ricercati o parlandone, e quasi quotidianamente ricevevo segnalazioni di visite della mia pagina.

In merito a questi due importanti artisti non spenderò parole, perché non è necessario.

Voglio soltanto dire che spesso, come avrò modo di segnalarvi

---

[144] Post del 21/8/2012

in altri futuri articoli, alcuni eventi a sorpresa coincidono cronologicamente, come se vi fosse una predestinazione, una "data già scritta". E io non smetto di stupirmi - vedi il magico anno 1968 del mio post su Pino Pascali[145].

Due cataloghi di mostra-libri d'artista realizzati da entrambi quando non erano ancora nessuno (questa è la loro prima pubblicazione), e che quindi mai ci si sarebbe aspettati di vederli collocati nel mercato antiquario a cifre molto alte. In particolare quello di Cattelan pochi anni fa veniva ancora venduto a 10-20 euro.

Del primo, *Instructions*, non avendo avuto modo ancora di prenderlo in mano, posso soltanto dire che reca delle immagini di vere e proprie "istruzioni" ad uso dell'artista - come mescolare i pigmenti, tagliare i vari materiali[146], ecc. - il secondo, invece, è una raccolta di immagini risalenti alle tre mostre organizzate da Cattelan alle *Galleria Fuxia* (Verona), *Neon* (Bologna) e *Loggetta Lombardesca* (Ravenna).

"A" di Andy Warhol[147]

Quando visitai la casa di un noto studioso e collezionista di libri d'artista[148], tra le pareti impilate di libri, notai un volumetto dall'aria povera, dalla brossura tipicamente americana. Il libro era accompagnato da un altro più grande che ne spiegava gli intenti e ne ricostruiva le vicende editoriali.

---

[145] Sopra, p.

[146] L'ho ritrovato poi alcuni anni dopo per 15 euro presso un libraio di Berlino

[147] Post del 3/8/2012

[148] Purtroppo oggi scomparso, si trattava di Giorgio Maffei, il grande conoscitore di antiquariato librario e neoavanguardia

Così l'ho acquistato nel web, incuriosita dall'argomento.

Si tratta di uno dei libri d'artista realizzati da Warhol all'apice della sua carriera ed è la trascrizione di un'intera giornata trascorsa da Ondine (in cui appare anche Warhol a colloquio con lui), un protagonista della sua *Factory*. Le conversazioni sono state registrate tra il 1965 e il 1967: dialoghi, silenzi, rumori. Tutto riportato su carta.

È la continuazione del processo avviato da Warhol di registrazione del banale, del quotidiano, svuotato di significato e riproposto "così com'è", senza emozioni né sentimenti. Un po' come fece con le sue fotografie, ad esempio con *Orange disaster* del 1963.

L'obiettivo è "*sganciare l'immagine dal significato profondo per consegnarla alla sua superficie simulacrale*"[149]; l'immagine, riproposta serialmente, perde la sua efficacia e diventa mera registrazione del reale, venendo impoverita dell'impatto visivo che scaturisce dalla sua presentazione singola.

Anche se bisogna dire che le opinioni dei critici talune volte sono discordanti; c'è chi vuole comunque vedervi un qualche significato, cercarvi una spiegazione nella scelta da parte di Warhol di alcune scene.

Egli stesso, in *POPism* (1980) afferma: "(...) *più tempo passi a guardare la stessa identica cosa, più il significato scivola via, e meglio -e più vuoto- ti senti*".

La storia dell'arte degli anni Sessanta ritorna molto su questo concetto di serialità, che si presta bene ad essere applicato sul libro d'artista. Il susseguirsi delle pagine implica di per sé ripetizione ordinata e rigorosa.

Un esempio di tutto ciò è, tra i tanti, il leggendario e citatissimo *Twentysix Gasoline Stations* di Ed Ruscha del 1963. Un libro

---

[149] Come si osserva in *Arte dal 1900: modernismo, antimodernismo, postmodernismo*, Hal Foster et al., Zanichelli, Bologna 2006, p.487

ricercatissimo, amatissimo e collezionatissimo, che segna simbolicamente la nascita del libro d'artista.

Twentysix Gasoline Stations consiste in 26 immagini di stazioni di servizio con l'indicazione della città e dello Stato Americano, tutte molto simili e riprese con lo stesso taglio fotografico.

Di recente su Ebay ne è stata battuta una seconda edizione per la modica cifra di 800 sterline!

A di Warhol in questo caso non propone alcuna immagine in serie, bensì una registrazione del "verbale". Non presenta neppure particolari qualità letterarie (del resto lo stesso Warhol affermava di voler fare un "brutto libro") né tipografiche (la carta è scadente, l'aspetto misero. Un unico dettaglio divertente: la colorazione del taglio in rosso). La realtà è rappresentata in toto, senza modifiche né scremature, proprio come piace a Warhol.

"Andar per libri" a Roma e a Trieste[150]

Era da tempo che volevo scriverne, ma un sentimento inconfessabile mi fermava sempre: il timore della concorrenza.

Lo ammetto, sono gelosissima dei miei luoghi "di caccia" e qualsiasi nuova persona che entra nel mio territorio mi preoccupa. Ma poi mi dico *"se fossi soltanto io a frequentarlo, questo posto chiuderebbe!"*, e allora mi calmo e accetto di fornire qualche dritta agli amici collezionista.

Ma penso sia una pratica comune: un amico giornalista di Roma ancora oggi non vuole rivelarmi un suo indirizzo segreto!

Ed ecco che con questo capitolo finalmente sciolgo le mie reticenze e vi parlo dei miei luoghi preferiti dove "andar per

---

[150] Post inedito

libri". Spesso capita di non trovare nulla e in quel caso si torna a casa con un libro di consolazione del valore di pochi euro. Altre volte la caccia è fortuita e rientrando non è possibile frenare l'entusiasmo per aver fatto un affare!

Forse pochi di voi sanno che per circa due anni ho vissuto a Roma, una città che mi ha stregata completamente lasciandomi dei ricordi stupendi e anche molta nostalgia.

Uno dei passatempi preferiti era ovviamente andar per libri, soprattutto in luoghi meno noti e urlati dalle guide... per carità Roma è nota anche per le stupende librerie storiche dove i turisti ci vanno anche solo per ammirare gli arredi, ma luoghi simili non danno sufficiente soddisfazione a noi "spulciatori" di tesori nascosti, e allora ricorriamo a vicoletti bui e librerie nascoste.

Uno dei miei negozi preferiti a Roma erano i conto-vendita, in particolare quelli della catena "Il Mercatino". Lo so, a prima vista possono sembrare squallidi e zeppi di roba inutile di poco valore.

Ma datemi retta, andandoci regolarmente e facendo attenzione alle novità si può sempre scovare qualche tesoro!

Un esempio è stato il ritrovamento in un pomeriggio d'estate di un raro di Luigi Motta (*I due leoni*, con illustrazioni di Corrado Vero) del valore di 100/150 euro e pagato se non ricordo male intorno ai 4,95. In seguito lo cedetti ad un collezionista per 80 euro.

Un altro luogo di ricerca erano le bancarelle di Piazza della Repubblica, una delle mie piazze preferite di Roma. Purtroppo oggi non ci sono più... a distanza di alcuni anni ne hanno tolte tantissime – tra cui anche quella dei Parioli, che amavo – , si narra a causa di abusivismi vari e irregolarità dei venditori. A fare da capetti erano i simpatici ragazzi di colore che le presiedevano, diventati all'occorrenza *connoisseurs* di libri rari. Anche lì feci qualche buon affare. Mi piaceva alzarmi il sabato mattina presto, fare colazione con calma e poi avviarmi verso la bancarella pariolina che distava qualche chilometro da casa mia. L'aria fresca del mattino, pochissima gente in giro (i romani amano alzarsi con calma) e io con il cuore gonfio per le scoperte che avrei fatto. Un lusso!

Per concludere questo breve elenco, cito una piccolissima libreria sita nel Quartiere Trieste dove vivevo (e quante risate dei romani per il fatto che per coincidenza fossi pure di Trieste!), in particolare in via Chiana, uno dei più bei viali alberati di Roma e il quartiere di uno dei migliori ristoranti di pesce della capitale (*Le scalette*).

La libreria si chiama Onofri, ha buoni prezzi e anche una piccola selezione di antichità di primissimo gusto. Qualche anno fa vi trovai due belle edizioni di Conan Doyle d'epoca, tra cui *Koronsko* che ancora oggi è di difficile reperibilità.

Ma passiamo alla mia bella Trieste.

Fortunatamente di librerie nella mia città non mancano, a partire dalla più illustre: quella appartenuta un tempo nientemeno che a Umberto Saba, che poi la cedette al figlio del suo socio che la gestisce tuttora ed è diventata meta di pellegrinaggio dei turisti.

Chissà, forse anche per il fatto che Trieste sia ricca di negozi di antichità e libri usati mi sono appassionata così tanto all'argomento. Il terreno dove imparare è importante, poiché solo confrontandosi quotidianamente con il mercato puoi coglierne le peculiarità.

Uno dei luoghi che consiglio a tutti è quello più famoso, dove nel 2013 hanno girato anche un breve spezzone del film *La migliore offerta* di Giuseppe Tornatore. Si chiama *Rigatteria* ed è un enorme spazio tra le viuzze di Cittàvecchia (proprio dietro a piazza della Borsa, nel quartiere più vecchio e caratteristico) dove è possibile trovare libri antichi, seminuovi o vecchi (divisi per argomento) ma anche dvd, dischi, cd, antichità, quadri, foto, porcellane e molto, moltissimo altro.

Negli anni ho trovato tantissimi libri da loro, come ad esempio la prima italiana di *Piccolo santo* di Georges Simenon a 15 euro (valutato 100/150) o un bel dvd degli Afterhours piuttosto ricercato. Invece mi pento di non aver preso tanti anni fa un libro di fotografia oggi raro di Hiroshi Sugimoto, ahimè scomparso dagli scaffali nel giro di una settimana! Non ricordo il titolo, ma so che era contenuto in un elegante cofanetto grigio scuro di velluto ed era in edizione limitata.

Più appartato e un po' più distante dal centro della città un piccolo negozietto che amo anche per la presenza di un simpatico romano, Mimmo, trapiantato a Trieste e sposatosi con una signora dell'est.
Si trova in via Crispi bassa, vicino ad un parrucchiere all'angolo.
All'interno troverete un ambiente più modesto, ma a mio avviso molto affascinante perché zeppo di oggetti di ogni tipo, anche alle pareti: dalle lampade anni Sessanta a vecchie scarpe da trekking, libri in gran parte a 1 euro (o qualche Einaudi a 3/5 euro) e altre curiosità sempre in aggiornamento.
Lo sconto viene fatto quasi sempre.
Interessante anche l'offerta di dischi 45 e 33 giri e di foto d'epoca.
Ricordo che da lui trovai una bella foto di uno dei bagni più storici di Trieste chiamato Grignano. La foto risale agli anni Cinquanta circa e, sebbene non credo sia di un fotografo di professione, è stata scattata con vera maestria.

Per finire, assolutamente da non perdere i mercatini domenicali nei vari paesini del Friuli e anche a Trieste (la terza domenica del mese).
Io consiglio soprattutto quello di Gradisca d'Isonzo purtroppo coincidente con quello di Trieste (ma molto, molto più ricco di espositori, a circa 40 min da Trieste) e quello di Cividale del

Friuli (la quarta domenica del mese, a circa un'ora da Trieste), che vi stupirà anche per il paesaggio mozzafiato intorno alle numerosissime bancarelle e per la ricca offerta culinaria.

Se dovessi farvi da guida vi consiglierei di fare così: vi svegliate presto e vi recate a Cividale per il mercatino. Dopo una lunga, eccitante scorsa dell'offerta (da libri a mobili, quadri, cartoline e anche abiti vintage) prendete un aperitivo vicino al Ponte del Diavolo in pieno centro e poi con la macchina raggiungete la taverna Orsone immersa nel verde gestita da Joe Bastianich (per chi non lo sapesse, la star di Masterchef), dove potrete gustare un buon hamburger e bere degli ottimi amari. Di recente i prezzi sono stati rivisti e il conto non è più salato come una volta.

Di ritorno, potete fare una passeggiata per i vigneti intorno a Cividale.

Investimenti

E siamo giunti ai titoli di coda... dopo aver "collezionato" Beat, prime italiane o polizieschi *d'antan* non possiamo che porci una domanda: cosa resterà di tutto ciò? Cosa avrà valore in futuro e cosa sarà "soltanto" (e scusate se è poco...) il ricordo di una passione collezionistica che forse i nostri nipoti un domani capiranno e conserveranno gelosamente?

Purtroppo non ho la bacchetta magica, vorrei tanto averla e dirvi cosa acquistare per non sperperare i vostri denari. Anche se, a pensarci bene, collezionare non è mai buttare i propri soldi e chi lo fa viene talmente appagato dall'atto, che si dimentica della spesa e conserva ricordi indimenticabili dei momenti in cui si impolverava a cercare tesori nascosti chissà dove.

Tuttavia un tentativo l'ho fatto. Ho cercato in questi anni di riflettere sulla problematica dell'investimento, su cosa sarebbe opportuno acquistare ora per una speculazione domani.

Onestamente ho notato una certa reticenza da parte dei librai a parlarne, probabilmente perché non vogliono svelare i segreti del mestiere e non perché non credano nel meccanismo "compro ora e guadagno domani".

La storia del resto è piena di casi simili; si veda come titolo di esempio Ernest Hemingway. Se avessimo acquistato le sue prime edizioni quando uscirono o qualche decina d'anni dopo, ora avremmo un vero e proprio valore economico.

Il problema dell'investimento[151]

La cosa è tipicamente anglosassone: ad un certo punto librai e mercanti fanno una ricognizione dei migliori scrittori mondiali - meglio se inglesi o americani - che hanno pubblicato più di un ventennio prima (ma spesso anche meno!) e portano le loro valutazioni alle stelle, rastrellando in anticipo tutte le copie in circolazione. Alle volte succede anche naturalmente, quando un certo collezionista smuove il mercato verso una certa direzione mettendosi a raccogliere le "prime" di uno scrittore.

Questo poi interessa soprattutto le opere prime o seconde, che sono quelle solitamente stampate in un numero esiguo di esemplari e quindi più rare.

Da noi non capita quasi mai, e ad ogni modo non raggiunge cifre assurde come quelle delle loro prime edizioni (stiamo parlando di migliaia di dollari o sterline).

Ma la domanda a questo punto sorge spontanea: è possibile prevedere tutto questo e munirsi per tempo dei libri destinati a salire? Lo scrittore e collezionista John Baxter è convinto che sia possibile, con un po' di intelligenza e buon senso.

Ovviamente non andremo a scegliere scrittori misconosciuti che, forse, semmai, un giorno, saranno rivalutati. Può capitare, ma sarebbe un terno al lotto! Ci orienteremo piuttosto su scrittori che stanno avendo un grosso successo presso editori e pubblico e che hanno un futuro nella storia della letteratura.

Un esempio è stato Ian McEwan, lo scrittore inglese noto soprattutto per *Atonement* (di cui hanno poi tratto il film con Keira Knightley), ma autore di altri straordinari e profondi romanzi. La sua opera prima arriva già a cifre davvero considerevoli.

Oppure anche Martin Amis, che ho nominato spesso nel mio blog: il suo successo fu fiutato in anticipo e ora il suo primo

---

151 Post del 10/6/2014

libro, *The Rachel Papers*, arriva fino al migliaio di euro.

Il mio consiglio è quindi leggere molto, informarsi molto su cosa va e cosa non va e acquistare molto, ma sempre con lungimiranza e ragionevolezza. Molto importante è infine procurarsi copie molto buone se non perfette, poiché lo stato di conservazione è un dato importantissimo per i collezionisti anglosassoni.

Una pietra miliare della letteratura sul collezionismo[152]

Davvero non so come io abbia potuto ignorare per dieci lunghi anni questa pietra miliare del collezionismo librario, ahimé mai tradotto in italiano, *Among the Gently Mad* di Nicholas Basbanes.

Tutti i bibliofili dovrebbero leggerlo, poiché ogni pagina è ricca di informazioni utili e aneddoti sull'argomento. A partire dal mondo intricato ed appassionante delle aste, dei trend collezionistici nel mondo, alla bibliografia sulla bibliofilia, fino alla questione che sembra dominare il libro: su cosa e come investire. Che autori contemporanei acquistare per avere un ritorno in futuro.

Ed è pure l'argomento che personalmente mi interessa di più, perché - dati statistici alla mano - chi compra in anticipo, in futuro avrà realizzato un tesoro. Deve però comprare bene, e sempre seguendo i consigli degli esperti del settore.

È il discorso che ho fatto in passato con i libri d'arte, in particolare quelli futuristi; prima degli anni Novanta nessuno li cercava e li trovavi davvero a poco. Ora sono costosissimi oggetti di aste internazionali.

---

[152] Post del 19/11/2015

Un esempio che fa Basbanes è quello di Jim Crace, scrittore inglese classe 1946 da noi tradotto principalmente da Guanda, ma oggettivamente sconosciuto ai più.

Un suo collega iniziò ad acquistare tutti i suoi libri in prima edizione, sperando in una loro rivalutazione negli anni. Ebbene è successo veramente e ora l'autore è ricercato dai collezionisti. Una copia firmata in prima edizione arriva a 200 euro.

Certo, voi obietterete che queste cose sono difficilmente programmabili e che spesso si rischia di incappare in una bolla destinata a sgonfiarsi.

Ma mai dire mai! Sono passati più di dieci anni dal libro di Basbanes e le valutazioni di Crace resistono.

Il suo consiglio è quindi quello di osservare attentamente il panorama letterario o artistico (a seconda di quello che si vuole acquistare) e prestare attenzione al successo di pubblico.

Jonathan Franzen mania: Le Correzioni *e* Purity[153]

Per concludere l'argomento degli investimenti, occorre citare *Le correzioni.*

Forse l'avrete già letto in tanti: si tratta dell'opera vincitrice del prestigioso National Book Award *The Corrections*, in Italia uscita per Einaudi un anno dopo. Un libro stupendo, straordinario, godibilissimo.

Per fortuna ogni tanto i successi meritati si vedono acclamati anche nel corso dei decenni successivi. E oggi si sta iniziando a ritenerlo un classico, un po' come i libri di Roth o Amis.

Infatti c'è già chi lo propone a 100/200 euro e chi si preoccupa di definire con precisione le caratteristiche della prima edizione.

---

[153] Post del 6/5/2016 e del 27/11/2015 (rivisti e riuniti)

Le condizioni essenziali per definirlo *collectable* sono: la sovraccoperta, ovviamente, e la prima edizione in prima stampa (*first printing*). Infine deve essere completo dell'errata, che il pignolissimo Franzen volle allegare.

In realtà l'errore era pesante: le pagine 430 e 431 nella prima edizione furono invertite, pertanto lo scrittore volle avvertirci che la pagina 431 andava letta prima della 430.

Io in questi giorni farò una ricerca e lo acquisterò, per lasciarlo anni e anni a riposare nel mio scaffale.

E poi, chissà... ne riparleremo!

Ma la Franzen-mania continua rinforzata dall'uscita del suo nuovo romanzo *Purity*.

Critici che gridano al capolavoro e Twitter che non parla d'altro; la nuova uscita sembra sia ancora migliore de *Le correzioni*.

A mio modesto parere la copertina Einaudi batte 10 a zero quella originale americana (che viene già venduta a 60 euro in prima edizione), di una purezza - appunto - sublime e assolutamente einaudiana.

Il primo libro in assoluto uscito in Italia di Franzen, invece, è *La ventisettesima città*, a mia sorpresa già diventato una chicca per bibliofili (titolo originale *Twenty-Seventh City*). Si tratta della sua opera prima.

Al momento online si trovano solo due copie, una in vendita negli Stati Uniti a 30 euro, completa della rara fascetta editoriale, e una in vendita su *Comprovendolibri.it* a 80 euro! Soltanto nel 2002 (dopo l'uscita de *Le correzioni* dunque) la Einaudi si accorgerà del testo e lo pubblicherà nei Supercoralli.

A me non è mai capitato di vederne una copia dal vivo, quindi presumo non sia di facile reperibilità.

Un esempio di rivalutazione: Saul Steinberg[154]

Nell'ultimo numero domenicale de *Il Sole 24 Ore* si è parlato del noto illustratore del New Yorker Saul Steinberg (1914-1999), relativamente ad un raro libro che nel '79 realizzò con il futurista Aldo Buzzi, di cui era amico di antica data *(L'uovo alla Kok)*[155].

Così mi è venuto in mente un suo testo molto curioso che vidi da Colette a Parigi qualche anno fa intitolato *The Line*: centimetri e centimetri di "opportunità concettuali" date alla linea tracciata a matita, il compagno più fedele dell'illustratore.

Infatti il libro, che è più un'opera d'arte che un testo vero e proprio, è composto da un lungo foglio interamente illustrato e ripiegato a fisarmonica. L'idea era stata realizzata originariamente nel 1954 alla Triennale di Milano, lungo uno spazio di 10 metri.

All'epoca l'edizione Nieves costava 15 euro circa, ora la si vende già a 50-70 euro.

Ancora libri sul collezionismo[156]

In queste settimane sto leggendo *Rare Books uncovered. True stories of fantastic finds in unlikely places* di Rebecca Rego Barry[157] incentrato sulle più sorprendenti *trouvailles* di famosi librai e collezionisti. È una lettura piacevolissima ed esaltante, non appesantita da descrizioni troppo minuziose e tediose.

Non poteva certo mancare un articolo sugli investimenti

---

[154] Post del 26/6/2014
[155] Adelphi 1979
[156] Post del 24/1/2017
[157] Voyageur press 2015

relativi ai cosiddetti *hypermoderns*, ossia di libri stampati 40 anni fa o meno destinati a salire di prezzo, che è anche uno degli argomenti più ricorrenti di questo blog.

A trattarlo è la professoressa, scrittrice e saggista Anne Trubek, che nel 2010 ha scritto un bel libro sulle case degli scrittori intitolato *A Skeptic's Guide to Writer's Houses*.

I nomi che cita come esempi universalmente conosciuti sono Jonathan Franzen (di cui infatti ho scritto in un post dedicato proprio agli investimenti), George Saunders e Cormac McCarthy, i cui libri hanno già una buona valutazione nel mercato, ma - come ci ricorda la Trubek - i prezzi sono ancora volatili ed è possibile fare qualche buon affare.

Per quanto riguarda Cormac McCarthy, ho osservato che dal 2013 quando scrissi un post sulle sue prime i prezzi sono rimasti stabili a circa 150/200 euro. Mi sembra un buon segno, anche se di incrementi si parlerà molto più avanti negli anni.

Bisognerebbe acquistarli al momento dell'uscita, osserva lei, magari iscrivendosi a dei programmi appositi che prevedono l'invio mensile da parte della casa editrice di una prima edizione a loro scelta firmata dall'autore. Anche se a me sa molto di fregatura...

Concludo citando un'opera da lei venduta nel 2010 a 150 dollari su Ebay, acquistata poco prima a 1 dollaro: si tratta di *Infinite Jest* di David Foster Wallace.

Al momento le copie autografe di questo libro sono valutate addirittura 1800 dollari... forse avrebbe potuto aspettare che salisse!

Per concludere

Voglio concludere con una citazione da un bellissimo libro sui libri di John Baxter, in relazione al successo collezionistico avuto dal libro della Rowling *Harry Potter*: "*Pochi libri recenti sono stati così ricercati come le fantasie di Harry Potter. (...) Quando si sparse la voce che una grossa quantità della prima edizione di un titolo di Harry Potter subito ristampato era stata spedita dapprima in Australia, mercanti e collezionisti si precipitarono sul posto, tornandone con copie senza prezzo che avevano pagato non più del prezzo di copertina. Il profitto di una sola di quelle copie copriva più che abbondantemente le spese di viaggio.*"[158]
Che vi serva come ispirazione.

---

[158] John Baxter, *Una libbra di carta. Confessioni di un bibliomane*, Edizioni Sylvestre Bonnard, Milano 2003, p.187